「心のない人」は、どうやって人の心を理解しているか

自閉スペクトラム症者の生活史

横道誠

はじめに

マコトA　この本のタイトルは、『「心のない人」は、どうやって人の心を理解しているか』というものなんだね。「心のない人」ってどういう人なんだろう？

マコトB　ここで「心のない人」って呼んでいるのは、自閉スペクトラム症者たちのことなんだよ。

マコトA　それは異議ありだな。ぼくも自閉スペクトラム症者のひとりだから知ってるんだけど、ぼくたちに心がないなんてことは考えられないよ。

マコトB　そう。もちろん、ぼくたちにも心はある。でも、自閉スペクトラム症者は他者の心を理解する能力がない人とか、共感能力のない人とかとして論じられてきたよね。実生活でも、人間らしい心を持っていない人々のように見なされ、非難される経験、仲間外れにされたり、いじめられたりする経験が多いんだ。

マコトA　なるほどね。たしかに、ぼくたちは「心のない人」のように扱われ、その固定観念に苦しめられてきたね。でも、そういう経験によって、むしろぼくたちの心は壊れてしまってる可能性も高いだろうね。ぼくたちはその意味で、「心のない人」と言えるかもしれない。

マコトB うん、そうだ。ぼくたちには、ちゃんと心がある。そしてもともと心があったのに、壊れてしまったという事例はあるだろう。とにかく問題は「心」だ。この本は、「自閉スペクトラム症者はどうやって人の心を理解しようとしているか」という問いを立てて、ある仮説を検証してみようと思うんだ。

マコトA ある仮説って？

マコトB 自閉スペクトラム症者は、創作物を大いに活用することによって、人の心を理解しようとしているんじゃないのか、という仮説だ。

マコトA その仮説はどのように出てきたんだい？

マコトB ぼく自身の人生を振りかえってみると、創作物から学んだことが非常に多いと感じるんだ。それこそ人の心の秘密も、多くを本から学んだ。

マコトA 自閉スペクトラム症者は非言語的コミュニケーションが不得意だって、よく言われるよね。

マコトB うん。実際ぼくは日常生活で人の心がわからなくて困惑し、その秘密をひもとくために文学作品に親しむようになったんだ。それで、ほかの「発達仲間」の場合はどうかなって思ったんだ。

マコトA 「発達仲間」というのは、発達障害者やその関係者のクラスターないしコミュニティのことだね。

マコトB　そのとおり。この仮説はどのくらい正しいか、読者のみなさんにも考えてもらいたいね。

序章

マコトA　さて、この本のためにいろいろ勉強してみたよ。二〇二二年に発表された「自閉症研究の危機」という英語の論文を発見した。著者のモニーク・ボタとエイリー・ケイジは、こんなふうなことを書いていた。

> すべての自閉症研究が障害者差別的ではないにしても、自閉症研究者は、自閉症者を亜人間であるかのように語ること（非人間化）、自閉症者を物体のように扱うこと（擬物化）、自閉症者を非自閉症者から隔てるような発言をすること（スティグマ化）によって、障害者差別的でありえる。
>
> (Botha / Cage 2022)

マコトB　「自閉症者」という表現が使われているけど、現在の日本では「自閉スペクトラム症者」という新しい呼び方のほうが一般的になっているから、そっちを使って話そう。いずれにしても、自閉スペクトラム症者は「非人間化」、「擬物化」、「スティグマ化」されてきた歴史があると批判してるんだね。

マコトA　そう。で、それは必ずしも研究者たちの悪意によってそうなった、というわけでもない。むしろ自閉スペクトラム症のない「定型発達者」が、じぶんたちと自閉スペクトラム症者の異質性に驚いて、その驚きを言葉で表現しようとしたり、論理的に説明づけたりする苦闘の結果として、発生してきたと理解するほうが適切なんじゃないかなって思うんだ。

マコトB　ふむふむ。

マコトA　今度は古典的な論文に眼を転じよう。一九八一年に発表された論文で、ローナ・ウィングは五歳から三五歳までの、三四人の知的障害のない自閉スペクトラム症児と自閉スペクトラム症を有する人々について報告している。ウィングはこのような病態を、かつてのオーストリアの小児科医ハンス・アスペルガーの名を取って「アスペルガー症候群」と名づけたんだ。

マコトB　アスペルガー症候群は、一九八〇年代から二〇一〇年代前半くらいまで盛んに使われたけど、いまはすっかり廃(すた)れてしまった疾患名だよね。

マコトA　うん。自閉スペクトラム症者を罵倒する際に、いまでも「アスペルガー症候群」の略称的蔑称「アスペ」はよく使われるけどね。いずれにしても、ウィングはアスペルガー症候群の中核的な症状を「社会的相互作用、コミュニケーション、

マコトB 想像力の発達に関する障害」(Wing 1981: 115) だって考えた。

マコトA 「三つ組の理論」と呼ばれて、かつて非常に影響力を持ったやつだな。現在の専門家でも、この「三つ組の理論」をガチで信じてる人は多いよ。困ったもんだけど。とくに「想像力」という概念が最も問題含みだ。

マコトB なるほど。「想像力」って、どんな意味での「想像力」なのか、が問題になるね。

マコトA ウィングはつぎのように説明したんだ。

> この症候群を有する人々のうちには、想像力を伴うごっこ遊びをまったくやらない事例もある。ごっこ遊びをする者の場合でも、題材はひとつかふたつに限定され、変化のないまま何度も反復される。それらは非常に手が込んでいるかもしれないが、執拗に追求されるのであり、ほかの子どもたちは、それらのまったく同じパターンに従うこともないわけではないが、彼らを巻きこむに至らないことが多い。この「ごっこ遊びもどき」に見られる題材が、アスペルガー症候群者の場合はおとなになっても関心事として続き、ときとして空想世界の主要な焦点を形成する。
>
> (Wing 1981: 117)

マコトB　つまりウィングは、自閉スペクトラム症のない定型発達児の場合は、標準的な「ごっこ遊び」をやるというんだね。で、アスペルガー症候群児の場合は、想像力が制限されているために「ごっこ遊びもどき」になってしまうと説明した。

マコトA　そういうことになる。ウィングは「ほんものの柔軟な想像力の活動の欠如、あるいは障害」（Wing 1981: 123）なんていう表現も使ったんだよ。

マコトB　では、ぼくのほうでも調べたことがあるから、話していいかな？　精神疾患の診断基準を載せている『精神疾患の診断・統計マニュアル』（ＤＳＭ）を古い版を含めて読んでみたんだ。一九八七年には第三版の追加修正版（ＤＳＭ－Ⅲ－Ｒ）が刊行されたんだけど、そこでは、自閉スペクトラム症の診断基準が、つぎのように示されていた。

（Ａ）「対人的相互反応における質的な障害」だということ

（Ｂ）「言語的および非言語的意志伝達や想像上の活動における質的な障害」だということ

（Ｃ）「活動、興味などのレパートリーが著しく限られて」いること

（D）「発症は幼児期あるいは小児期」であること

マコトA　ふうむ。

マコトB　で、（B）の具体例として「想像上の活動の欠如、例えば大人の役、空想的人物または動物になって遊ぶこと、想像上の事件についてのお話に興味がない」（APA 1988: 40-41）という記述があった。

マコトA　ということは、診断基準を掲載したそのマニュアルも、ウィングが提示した「想像力の障害」説を追認したってことだね。

マコトB　まさしくそれが言いたかったことだ。一九八〇年代、アスペルガー症候群を含む自閉スペクトラム症の研究が進むなかで、「想像力の障害」は「心の理論」の欠如という仕方でも説明されるようになった。かんたんに言うと、それは、他者の心境を推しはかる能力――これが「心の理論」と呼ばれる――の欠如こそ、自閉スペクトラム症の本質だという議論だ。

マコトA　「心の理論の欠如」説は、広く流布したようだねえ。

マコトB　その代表的論者にあたるサイモン・バロン＝コーエンは、「マインドブラインドネス」（つまり「心的盲目性」）という言葉を新たに鋳造（ちゅうぞう）しながら、説明した（バロン＝コーエン 2002: 18）。自閉スペクトラム症児にとって、SAM（注意を共有する仕組みのこと）とToMM（心の理論の仕組みのこと）の欠陥が、「広範でしかも高度に特異的で予測可能な概念上の結果を引き起こすものと考えられる」（バロン＝コーエン 2002: 140）ってバロン＝コーエンは要約したよ。

マコトA 「注意共有の仕組み」の欠陥というのは、自閉スペクトラム症児が、定型発達児ならば共有するだろう注意の対象に無関心のことが多い、ということを意味しているんだろうね。「広範でしかも高度に特異的で予測可能な概念上の結果を引き起こすものと考えられる」ってどういうこと？ 呪文みたいな表現じゃないか。

マコトB 「決定的な意味を持っている」くらいに理解すればいいと思うよ。

マコトA なるほど。で、DSMでは「心の理論の欠如」説が採用されたことはあるの？

マコトB 調べたところ、それはなかった。「想像力の障害」説も、いまでは痕跡（こんせき）程度にしか残っていない。二〇二二年に刊行された第五版の追加修正版（DSM－5－TR）を確認すると、自閉スペクトラム症の診断基準は、こうなっている。

（A）「複数の状況で社会的コミュニケーションおよび対人的相互反応における

持続的な欠陥」があること

（B）「行動、興味、または活動の限定された反復的な様式」があること

（C）「症状は発達早期に存在していなければならない（しかし社会的要求が能力の限界を超えるまでは症状は完全に明らかにならないかもしれないし、その後の生活で学んだ対応の仕方によって隠されている場合もある）」こと

（D）「症状は、社会的、職業的、または他の重要な領域における現在の機能に臨床的に意味のある障害を引き起こしている」こと

（E）「知的発達症（知的能力障害）または全般的発達遅延ではうまく説明されない」こと

マコトA　ふむふむ。

マコトB　で、（A）の具体例の一部に、「想像遊びを他者と一緒にしたり友人を作ることの困難さ」と記されているんだ（APA 2023: 54-55）。総じて考えると、「想像力の障害」は自閉スペクトラム症の中核的特性と見なされなくなっていった感じがする。

マコトA なるほどねえ。でも、「想像力の障害」説や「心の理論の欠如」説と並んで、やはり有力な言説だった「共感の困難」説というのがあるよね?

マコトB うん。さっき挙げたDSM－5－TRの診断基準に含まれている「複数の状況で社会的コミュニケーションおよび対人的相互反応における持続的な欠陥」があるという項目が、それを表現しているだろう。というのも、なぜそのような「欠陥」があるかといえば、それは自閉スペクトラム症者には他者への「共感」が困難だからと考えられている、ということになる。

マコトA それに対して二〇一〇年代から広まった有力な反論を知っているよ。じぶん自身が自閉スペクトラム症の当時者だって公表しているデイミアン・ミルトンが二〇一二年に発表した「二重共感問題」(ダブル・エンパシー・プロブレム)説。

マコトB それだよ、大事なのは!

マコトA ミルトンは、つぎのように批判したんだよね。

「心の理論」や「共感」は、人間的な相互作用に規範的な心理学的モデルを与えるものとして賞賛されており、これらは「非・自閉スペクトラム症的」個人が他者の精神状態や心的動機を理解する能力を意味している。だが、そういうふうな「共感」が「自閉症者」に対して適用される場合、その尺度はしばしば野蛮なほど正確性を欠いている。「共感」で「自閉症者」を測定する試みは、本人にとっては侵略的で、押しつけがましく、脅迫的だとしばしば感じられているのだ。

（Milton 2012: 884）

マコトB ミルトンは定型発達者が「共感」という基準で自閉スペクトラム症者を定型発達者から区別し、「障害者」として位置づけてきた歴史を非難しているんだね。

マコトA うん。自閉スペクトラム症者にとっての「共感」の意味するものが、定型発達者にとってのそれとは異なっている、とミルトンは指摘した。ふたたびミルトンの論文から引用してみよう。

「二重共感問題」。社会的に行為する異なる性質の二者の互恵性の断絶。これは、生活世界の性状に対する認識が断絶していればしているほど、顕著になる。「定型発達者」は「社会的現実」の構成物に対する「自然な態度」が壊れていると認識しているが、「自閉症者」はそれは日常的につきまとってくる、しばしばトラウマ的な経験だと認識している。

（Milton 2012: 884）

マコトB　つまり定型発達者は、定型発達者的な共感をたいせつにし、他者にもそれを求めるわけだよね。それに対して自閉スペクトラム症者は共感には――少なくとも定型発達的な共感には――反応せず、それを強要されつづける経験がトラウマ（心的外傷）的だと否定的に受けとめている。

マコトA　整理しておこう。ミルトンは従来信じられていたような、自閉スペクトラム症者だけが定型発達者の「共感」のネットワークに応答できない、という考え方を否定している。定型発達者も自閉スペクトラム症者への「共感」に失敗してるじゃないか、とミルトンは言いたかった。

マコトB　「二重共感問題」理論は、自閉スペクトラム症者のコミュニケーション障害と決めつけられてきたものを、定型発達者と自閉スペクトラム症者という異なる神経タイプの齟齬（そご）だと捉えなおしてみせた、と言うこともできるだろう。

マコトA　村中直人が、自閉スペクトラム症者と定型発達者の脳のあり方をMacとWindowsのOSの違いのようなものと説明してる本も読んでみたよ（村中 2020:

49)。村中は、自閉スペクトラム症者と定型発達者では、人間や世界を把握する根本的なシステムが、そもそも違ってると指摘しているんだ。自閉スペクトラム症の脳は「人間を特別扱いしない脳」ということになる（村中 2020: 57）。

マコトB そのような脳のあり方は、自閉スペクトラム症者という不気味な怪物的存在（と見なされがちな人々）の頭に埋めこまれた、非人間的で悪魔的な脳だという印象を与えるかもしれない。でも、そのような脳は、人間を人間以外のものからえこひいきしないで扱おうとする、公平性と正義のための脳と考えることもできるはずだ。

マコトA ほかに発見したおもしろい文献はある？

マコトB キャサリン・クロンプトンたちが二〇二〇年に発表した論文がある。「二重共感問題」理論の正しさを裏づける内容だ。八人でひとつのチームを作り、合計で九チーム用意した。その九チームのうち、三チームは全員が自閉スペクトラム症者、べつの三チームは全員が定型発達者、残りの三チームは自閉スペクトラム症と定型発達者の混合チームだった。で、全員で伝言ゲームをやったんだって。

マコトA 結果がどうなったか、ぼくには想像がつくよ（笑）。

マコトB ふふふ。定型発達者たちのチームと自閉スペクトラム症たちのチームの成績はいずれも高く、他方で混合チームだけが低い成績を残したんだ！

マコトA やっぱりね。

マコトB ここから、自閉スペクトラム症者と定型発達者のあいだには、共感の仕組み（あるいは想像力の仕組み、心の仕組み）の差異があることが明らかだと思う。

マコトA 自閉スペクトラム症者の共感、想像力、心のありようを、定型発達者と比較して一方的に貶（おとし）めてきた歴史が反省されるべきだね。

マコトB さらにべつのタイプの研究がある。二〇一〇年代になってから、自閉スペクトラム症者には、自閉スペクトラム症の特性が備わっているにもかかわらず、ふだんの挙動からそのように見えないという「カモフラージュ」の問題が、多くの研究者の関心を引くようになったんだ。

マコトA このあたりに興味のある人は、横道誠が二〇二四年に刊行した『発達障害者は〈擬態〉する――抑圧と生存戦略のカモフラージュ』（明石書店）を読んでいただきたいね。

マコトB うん。で、いずれにしても自閉スペクトラム症者が「カモフラージュ」できるのは、周囲にいる人の反応を参考にしながら、じぶんの言動を定型発達者っぽく修正することができるからだろう？　それ以外には考えられない。そこには、他者の心のありようを推察し、想像力を駆使する精神活動がいきいきと刻印されている、と言うほかない。

マコトA　さあ、ぼくたちの本の課題だ。この本は、自閉スペクトラム症者たちが、じぶんたちとは異質な心の動きをする者たちが圧倒的に多数を占めるというこの世の中で、いかにして人の心について学び、社会に適応してきたかをインタビューの形で示していく。

マコトB　その作業のなかで、個々の当事者と創作物との関わりに注目していきたい。おそらく、自閉スペクトラム症者にとっては、定型発達者にとってよりも、創作物の持つ意味あいが大きいと推測されるからだ。

マコトA　ひとつにはこの本の著者、横道誠の人生にとって、創作物が大きな意味を持ってきた、という事情が関係している。そこから、ならばほかの当事者はどうなのか？　という関心が生まれた。

マコトB　それから、松本敏治が指摘した見解。松本は、自閉スペクトラム症児が、日常的な会話よりも創作物をつうじた言語習得を志向するため、方言の習得が不得意になる傾向があると論じたんだ（松本 2017: 138–155）。

マコトA　その研究にもヒントを得て、横道は、自閉スペクトラム症者が創作物から人の心をどのように学ぶのかを調べたいと思った。そうして本書の企画が生まれた。

マコトB インタビューは、年長者から年少者の順に並べている。それぞれのインタビューに対して、マコトAとマコトBが語りあう仕方で、コメントをつけている。第1章から第7章までは、そういうインタビューとコメントが続く。

マコトA 終章では、それぞれのインタビュイーが世の中に望むことをまとめることにした。

マコトB どうかみなさんが、楽しんで読んでくれますように。

文献

バロン＝コーエン、サイモン『自閉症とマインド・ブラインドネス』新装版、長野敬／長畑正道／今野義孝（訳）、青土社、二〇〇二年
松本敏治『自閉症は津軽弁を話さない──自閉スペクトラム症のことばの謎を読み解く』、福村出版、二〇一七年
村中直人『ニューロダイバーシティの教科書──多様性尊重社会へのキーワード』、金子書房、二〇二〇年
The American Psychiatric Association（編）『DSM－III－R──精神障害の診断・統計マニュアル』、高橋三郎（訳）、医学書院、一九八八年　＊略号はAPA
American Psychiatric Association（編）『DSM－5－TR──精神疾患の診断・統計マニュアル』、日本精神神経学会（日本語版用語監修）、髙橋三郎／大野裕（監訳）、医学書院、二〇二三年　＊略号はAPA

Botha, Monique / Cage, Eilidh, "'Autism Research Is in Crisis': A Mixed Method Study of Researcher's Constructions of Autistic People and Autism Research." *Frontiers in Psychology* 13, 2022 (https://www.frontiersin.org/articles/10.3389/fpsyg.2022.1050897/full)

Crompton, Catherine J. et al., "Autistic Peer-to-Peer Information Transfer Is Highly Effective," *Autism* 24 (7), pp.1704-1712

Fombonne, Eric, "Editorial: Camouflage and Autism," *Journal of Child Psychology and Psychiatry* 61 (7), 2020, pp. 735-738

Milton, Damian E. M., "On the Ontological Status of Autism: The 'Double Empathy Problem,'" *Disability & Society* 27 (6), pp. 883-887

Wing, Lorna, "Asperger's Syndrome: A Clinical Account," *Psychological Medicine* 11 (1), 1981, pp. 115-129

第1章

HOTASさん

インタビュー

私は現在、五〇代前半。自閉スペクトラム症と診断されています。父はサラリーマン、母は主婦。ふたりとも自閉スペクトラム症の傾向があると思っています。きょうだいは、姉がひとりいます。

埼玉で生まれて、そこで育ちました。小学二年生から五年生まで仙台に住みましたが、それからまた埼玉に戻りました。高校を卒業するまでは埼玉在住でした。

幼稚園の頃の記憶といえば、かけっこで走っていて、帰ってこいという指示がなかったから、遠くまで走りつづけたことでしょうか。ひとり遊びが好きでした。左利きなのでハサミがじょうずに使えなくて、からかわれたのがとっかかりになって、いじめっぽいことをされました。それから鉄道の図鑑が大好きで、ボロボロになるまで読んだことを覚えています。

当時はまだほとんどの家にホームビデオが普及していなかった時代です。夕方、アニメの本放送や再放送を夢中になって観ていました。『マジンガーZ』、『超電磁ロボ コン・バトラーV』、『ルパン三世』なんかですね。そういうのを観て時間を潰すのは好きだったんですけど、それは文字を読むのが苦手なので、映像に逃げていたんだっていう気がします。

小学生の頃、勉強はよくできたほうでした。とくに社会科。理科も。知識を溜めこむことに喜びを覚えていたんですね。国語は苦手でしたが、徐々に克服していけました。国語が不得意な理由は、ひらがなやカタカナを読むのが難しいと感じたんです。だからたぶん（限局性学習症の）読字障害の傾向があります。まだ漢字のほうがわかりやすいと感じます。

走るのは速かったんですが、体が固かったので、器械体操には苦手意識がありました。音楽はぜんぜんできませんでした。不器用で、楽器の演奏ができません。でも図工の成績は良かったんですよ。造形物を作るのが好きで、評価もされました。先生が推薦してくれて、県の美術展に出品してもらったことがあります。

途中で三年間、仙台で暮らしましたが、そのあいだに話す言葉が仙台訛りになったこともあって、元の学校に戻ったあと、打ちとけられないと感じる場面が多くありました。一緒に遊ぶ特定の友だちは、趣味の近い子でした。ズバリ言うと、プラモデルに興味がある友だち。私は戦闘機のプラモデルを作るのが大好きでした。友だちと集まって、それぞれが黙々と作っていた。ダンボール工作をやるのも好きでした。立体的なものを作りあげるのに興奮しました。

野球を仲間内でやることがあったけど、じょうずではありませんでした。当時はゲームセンターができはじめた頃で、すがやみつるの『ゲームセンターあらし』が流行ってたりした時代です。でもゲームがまったくダメだったんですよ。焦ってしまって、すぐに敵にやられてしまう。続かないので、おもしろくない、じぶんには向いてないと思いました。

三年生か四年生の頃に、『機動戦士ガンダム』が本放送で、私も観てました。リアルロボットものなので、メカが損傷すると、次回以降もそのままになっている。そのことが最初に受けた衝撃です。五、六年生になるとガンプラ（ガンダムのプラモデル）が社会現象になって、私もよく作ってました。好きなモビルスーツ（劇中に登場するロボット兵器）はガンキャノンです。

高学年のときは、仲間外れに遭いました。なぜなのかはよくわからないけど、からかわれる対象になっていた。その頃は、姉の書棚にある少女マンガをこっそり読んでました。成田美名子の『エイリアン通り』や『CIPHER』、渡辺多恵子の『ファミリー！』。細やかな心情表現であるとか家族のやりとりのあり方が印象に残って、少女マンガから受けた影響はあると思ってます。

鉄道の趣味も継続してましたが、乗っても楽しくない。おもに撮り鉄（鉄道の写真撮影を楽しむファン）です。小五のとき、東北・上越新幹線が開通して、地元の駅が暫定の始発駅だったんです。それで撮り鉄の活動に火がついて、こっそり父のカメラを持って撮りにいきました。じぶんで写真屋に行って、現像してもらったんですが、その写真が親に見つかって叱られました。

住んでいた地域は一小学校・一中学校だったので、進学してもクラスメイトは同じ顔ぶれ。やはり勉強は比較的できました。好きな科目は変わらず社会と理科。部活は卓球をやりました。根暗なイメージがありましたが、左利きが有利だという噂に影響されたんだと思います。仲の良い友だちがひとりいました。懲りずに父親のカメラを持ちだして、鉄道とか風景とかを撮影しましたね。

一九八四年に放映されていたNHK大河ドラマ『山河燃ゆ』。これにはとても影響を受けました。山崎豊子の『二つの祖国』が原作。舞台は第二次世界大戦の時代。アメリカにあった日系人の強制収容所から話が始まります。日系二世の主人公を（九代目）松本幸四郎が演じていて、アメリカ生まれで日本育ちという設定。やがてアメリカ軍に入って、通訳として太平洋戦争に向かう。同じく日系二世の弟を西田敏行が演じていて、アメリカで生まれたけど、日本に愛着が強い。赤紙で召集されて南方に行き、兄弟対決へと展開します。東京裁判で物語が終わる。全体の感想は「理不尽」のひとこと。敵も味方も「正義」を掲げていて、勝ったほうが歴史を作っているだけ。そのことが心に残りました。

同じ頃、自宅にＶＨＳのビデオデッキが入ってきて、『ガンダム』の再放送を観たり、劇場版の『ガンダム』が地上波に乗ったのを観たりしました。小学生のときは、話の内容はほとんどわかってなかった。でも中学生になると、物語で描かれるいろんな駆け引きがわかる年頃になっていて。裏切りの描写に考えさせられました。この作品も『山河燃ゆ』に似たところがあるんです。連邦軍とジオン軍が対決して、どちらにもそれぞれの正義があるんだけど、負けたほうは何も言えなくなり、勝ったほうが歴史を作っていく。そのことに心が揺さぶられました。

それから『ガンダム』で記憶に残っているのは、ミハル・ラトキエというキャラクター。パッと現れて、その生き方が描写されて、悲惨な死に方をしていく。そのせつなさに心打たれました。なんでこんなに、うまくいかないのかなって思ってね。じぶんの人生もうまくいってないから、共感したんでしょうね。

『ガンダム』の本放送のあとも、人気のあるリアルロボットものはずっと観てました。『戦闘メカ ザブングル』、『太陽の牙ダグラム』、『装甲騎兵ボトムズ』。リアルな兵器を連想させる巨大ロボットが出てくる作品。『超時空要塞マクロス』もそうですね。いちばんおもしろかったのは『銀河漂流バイファム』。アニメ雑誌の『アニメージュ』も買うようになってました。

当時から格闘ものも人気があったんですが、それにはぜんぜん興味が湧かなかったです。『北斗の拳』、『キン肉マン』、『聖闘士星矢』、『ドラゴンボール』。有名ですから、話を知ってる作品もありますが、おおむねスルーしていました。

高校は「下らへんの進学校」に入りました。入ったあとは、落ちこぼれ。五段階評価で「二」が多い印象の通知表。とくに英語。ひらがなやカタカナと同じで、読みづらいと感じました。数学もダメでした。いつも計算の途中でまちがえてしまって、やる気がなくなって、勉強を放棄する。それで授業についていけなくなった。

部活はガラッと変わって、応援団に入ったんです。反抗心がありましたね。それまで「親の言うことをよく聞くいい子ちゃん」でしたから、学校のクラブでいちばんアウトローなやつに入ろうと。応援していたのは、おもに野球部です。高校の応援団って、野球部のために存在しているようなものなんですよ。単純に人気があるほか、野球は先攻と後攻がはっきりしているから、応援しやすいという理由もあります。部活をやって帰ってくると、もうくたくたで寝てしまう。アニメを観なくなりましたし、プラモデル作りもやらなくなりました。

応援団は居心地が良かったです。上の者には絶対服従の縦社会。軍隊系。性に合っていました。リアルロボットもののアニメの影響は、あったと思います。ああいう作品では「軍とはかくあるもの」とよく話題になっていますから。主人公タイプはそういうのに反抗することが多いですが、私にはその理由がよくわからなかった。だからじぶんは『ガンダム』

で言うと、アムロ・レイではなくて、リュウ・ホセイやハヤト・コバヤシのタイプ。軍の規則は守る隊員。責任をとらなくて良いから楽ということでもあるんです。責任は組織の構造にあるわけですから。上級生になって下級生にいろいろやらせていても、反抗はされなかったですね。

高校時代は、そんなに文化的なものに触れてはいなかったですけど、洋楽は好きでした。とくにエリック・クラプトン。派手なパフォーマンスを交えないのに、さまになっている。かっこつけないかっこよさ。だから音楽そのものというより、映像付きで好きになった感じです。それからスティーヴィー・レイ・ヴォーン。ギターの構え。日本のミュージシャンだと、いちばん好きなのは佐野元春でした。いまでは当たり前になりましたけど、一音一語じゃない歌い方が新鮮だった。

通学中、自転車で片道四五分くらい走っていてね。いまでは問題になると思うんですが、そのあいだ好きな音楽をウォークマンでずっと聴くんです。片道でレコード一枚分を聴きおわるくらいになります。あの時間はとても楽しかった。

卒業後、東北にある大学に進学しました。国立ですが、じぶんの偏差値なら、このあたりかなというのを選んだら、そうなった。文学部でも良かったんですが、教育学部の社会科を選びました。歴史を勉強したかったんです。募集定員が九人で、教員も九人。社会科って範囲が広いですから、日本史の先生、世界史の先生、地理の先生、倫理の先生、法律の先生と分かれていて、全員で九人。

勉強はやりたいようにやらせてもらって、『山河燃ゆ』以来ずっと関心があった昭和恐慌から第二次世界大戦の時代を研究しました。でも政治史ではなく、大学があった地域の農村経済がテーマ。部活でも歴史研究会に入って、ゼミでやるのと同じようなことをやっていました。テーマを決めて、レジュメを作って、発表する。サークルの仲間はつかず離れずで、程よい距離感だと感じました。いつもつるんでる感じでなくて、気楽。

アルバイトはファミリーレストランやらファーストフードやら、いろいろやりましたね。いちばん長く続いたのは、ガソリンスタンド。バイトしていても、特別ミスが多いということはなかったです。そんなに叱られることもなかった。レジの金額の計算は手動の時代ですから、金額が合わないことはふつうで、私以外の人もそうでした。私がレジをやったときだけ何千円、何万円も合わないということはなかった。とにかくイエッサーと命令を聞いてればいい。言われたことを黙々とやってればいい。得意なことです。

大学に入ると、なぜか年上の人にモテて、上級生と何人も交際しました。同学年や下級生とはそうでもなかったので、不思議です。でもどの人とも長続きはしなかったですよ。かつて少女マンガから学んだことを実行しても、うまくいかない。少女マンガの男性キャラと同じ答えは出てこない。それで困りましたね。

地元志向が強い大学にいたんですが、場所が場所ですから、そんなに企業がない。それで堅実に公務員を選ぶクラスメイトが多かった。まだ教職が不人気になる前の時代だったのですが、教師になる気はありませんでした。それで民間企業を狙って就活をやりました。同じような仲間はいなくて、わが道を行く感じです。その頃は就活セミナーのようなものはまったくなかった。三年生の三月に就活をしても良いと解禁されたんだったかな。じぶんでぜんぶアレンジしていく。それで全国チェーンのファミリーレストランから、八月に内定をもらいました。

最初に赴任したのは群馬県です。二二歳の初任から二九歳で退職するまで、毎年店を替わって、日本のあちこちに行きました。それから勤め先のバイトさんと仲良くなって結婚することになりました。その人はひとつ年下でしたが、おとなっぽい印象でした。手を出したのか出されたのか。一年半くらい交際して、二六歳で結婚しました。子どもはそれから長女、次女、長男と三人生まれました。

ファミリーレストランをやめたのは、親の定年退職がきっかけです。親が郷里の新潟に帰ることになって、私も将来のことを考えました。長男だし、ゆくゆくは親の面倒を見る。だったら私も新潟の会社に転職しようと思ったんです。それで食品メーカーに移りました。

それが二九歳のときで、以来現在までずっと同じ会社で働いています。

　この会社では、いろんな業務に従事してきました。でも、つまずくことが多かったんです。最初は大阪に派遣されて、営業に配属されました。でも営業マンに向いたスキルがじぶんにはまったくありません。売り上げを作れる仕組みがわからなかった。営業成績のよくない営業マン。それで実質的にその部署をクビになって、滋賀県にある工場の事務に回りました。発注業務を機械化する作業が進んでいて、私はシステム開発に首を突っこむようになり、そうしたらやっと成果が出ました。八年工場にいて、四〇になって、本社のある新潟に戻されました。

　でも、そうしたらまた向いていない仕事がたくさんあって、鬱病になって休職したんです。精神科に通院して、四二歳のときに主治医が「たぶん発達障害だろうね」って言いました。それで検査をして、四三歳のときに自閉症の確定診断。四四歳で障害者手帳を取得しました。

　働いていて何度も経験したことですが、人の上に立つと失敗するんです。下役として働くのは向いていた。軍隊にいるイメージで、イエッサーと命令を遵守する。でもじぶんが上役になったら、うまくいかない。部下に「やれや」と言っても、反発されることが多い。成績が悪くなって、こっちの体調も悪くなる。いまはフォークリフトの操作をやりながら働いています。結局、ひとりでやる仕事に居場所を見つけた形になってます。そんなですから、会社ではけっして評価されていません。

子どものうち、長女はもう結婚しました。次女はフリーターとして独身生活を送ってます。長男は大学生としてひとり暮らしです。私は二〇一九年から自助会をやるようになって、もう四年半続いています。自助会から学んだことは多いですね。それから文字を読むのは苦手なのに、書くのは好きなので、じぶんで考えたことをnoteで記事にしています。それがいまの趣味らしい趣味と言えるでしょうか。クラプトンたちに憧れてギターを買って練習した時期もありますが、まるで身につかないので、売ってしまいました。

コメント

マコトA HOTASさんとは『ニューロダイバーシティの教科書』や『〈叱る依存〉がとまらない』（紀伊國屋書店）で知られる村中直人さんが主宰する「自閉文化を語る会」で知りあったんだよね。

マコトB いま五〇代前半なんですね。横道がいま（二〇二四年四月）四五歳だから、それより少し年上の人ということになります。

マコトA ふふふ。もっとも横道は孤独で冴えない独身中年男性、HOTASさんは三人の子どもがいますから、状況はだいぶ違うと思いますけどね！

マコトB かけっこの逸話に「自閉度」がよく表れてるよね。あとHOTASさんはスキンヘッドの人ですから、なんとなく怖そうというイメージがあったので、いじめられっ子体験があったという話を聞いて、「横道と同じだな」って、ホッとしました（注——HOTASさんのコメントによると、「スキンヘッドというのは誤解で、薄毛でも似合う髪型としてバリカンで刈りこんだ坊主です。けっして「コワモテ」ではありません」とのことでした）。

マコトA ぼく思うんだけどさ、いわゆる「鉄（てっ）ちゃん」（鉄道オタクのこと）って自閉スペクトラム症の人がほとんどじゃないかな。

マコトB あと出てくるアニメの作品名を聞いていると、「横道よりちょっと年上」というのが、リアルに感じられるよね。横道はレトロなアニソン（アニメソング）のマニアなので、そういう作品の曲は大好物なんですけど、本編を観たことって、ほとんどないみたいなんだよね。

マコトA あと横道はどちらかと言えば活字中毒で、ＨＯＴＡＳさんの読字障害（ディスレクシア）の傾向とは反対に、過読能力（ハイパーレクシア）の特性があったと思う。

マコトB 自閉症が「スペクトラム」（虹の色調のような連続体）のような精神疾患だということのおもしろさだね。横道は斜視もあって、やはりＨＯＴＡＳさんと逆に、動く映像はどっちかというと苦手な傾向があるんだよね。そう言えば斜視も、発達障害の人に多いように感じるなあ。

マコトA 社会と理科はぼくも大好きだった。まだインターネットが普及していない時代だから、社会や理科に関する雑学的な知識を図書館の本からしこたま仕入れて、ノートに書き写したりしていた。自閉スペクトラム症の子どもらしく「博士タイプ」の少年。

マコトB HOTASさんの「足が速かった」というのは、うらやましい。横道には発達性協調運動症があって、典型的な運動音痴（粗大運動の障害）。音楽にしたって、楽器はなにも演奏できないし、歌っても音程が外れっぱなしの、いわゆる「音痴」。これは発達障害にどのくらい関係あんのかわかんないけど。

マコトA 横道は図工は好きだったけど、やはり発達性協調運動症のせいで「ヘタの横好き」だったんだよね（微細運動の障害）。いつも想像どおりに制作できなくて、じぶんの技術の低さにイライラしてたってさ。

マコトB ぼくの場合、小学二年生のときに引っ越しを経験したんだけど、大阪市内の移動だったから、言葉の壁という問題は起こらなかった。下町から新興住宅地に引っ越して、文化のギャップを感じたというのはあったけど。

マコトA ぼくにも、プラモデルやダンボールでの工作に付きあってくれる友だちがいたら良かったんだけど。ぼくの場合はマンガを描くのが好きで、同じような趣味のクラスメイトとマンガを描いたノートを交換しあって楽しんだんだ。

マコトB 手先が不器用だから、マンガにしても、うまく描けなかったんじゃない？

マコトA そうなんだ。もう一度初めから人生を楽しめるんなら、今度はマンガ家になりたいって思うよ。

マコトB 大阪は野球が盛んな地域なので、ぼくは三角ベースとかの簡略化された野球をよくやったよ。野球は球技のうちでは、個人競技的な側面が比較的多いから、自閉スペクトラム症向きかもなと感じる。HOTASさんはあんまりだったと言ってたけどね。

マコトA ぼくたちは成長後は「氷河期世代」とか「ロスジェネ」って言われたんだけど、小学生の頃は「ファミコン世代」って言われてたんだよな。

マコトB 鈍臭いから、アクション系のゲームはからっきしだった。これはHOTASさんとの共通点。

マコトA そして「ガンダム」シリーズの話。横道は中学一年生のときに『機動戦士Z（ゼータ）ガンダム』（再放送）を観て、このシリーズにハマったそうだね。

マコトB 古本屋で買ったムックに、本編の内容にいろんなツッコミを入れた解説が載っていて、「こういうのっておもしろいな」って興奮したそうだ。『機動戦士ガンダム』（いわゆる「ファーストガンダム」）に関しては、大学生になってから劇場版三部作を観て、メチャクチャに感動したってさ。

マコトA HOTASさんが少女マンガの洗礼を受けたという話も意外だったなあ。ぼくは高校時代からレトロな少女マンガの愛好家になって、ＨＯＴＡＳさんが言及していた成田美名子とか渡辺多恵子とかも、代表的な作品は読破したよ。

マコトB 最初のきっかけはぼくの妹だね。『りぼん』に掲載されている同時代の少女マンガから入門した。そのうちレトロな少女マンガを古本で安く買って、片っ端から読むようになって、ぼくたちの人格形成に決定的な影響を与えた。

マコトA それにしてもさ、ぼくも鉄道を含む乗り物などに興味が湧いた時期はあったんだけど、そんなに本格的にはならなかったんだよ。

マコトB 機械系全般に苦手意識があるからね。父親が家電量販店の店長や電気工事士として働いていたので、家庭内で機械・電気系のトラブルがあると、父親がすぐにささっと直してくれた。横道の出る幕なし。

マコトA ぼくにもＨＯＴＡＳさん同様に写真撮影に夢中だった時期があるけど、ずっとおとなになってからだ。

マコトB ＨＯＴＡＳさんの地域では、一小学校・一中学校。ぼくの地域では、二小学校・一中学校。

マコトA クラスメイトの約半数が未知の人たちだということに対する最初の違和感と興奮はよく覚えてるよ。あと、中学校で新たに友だちになった人たちは、小学校が別の人たちが多かったような気がする。

マコトB ズバリ、小学校時代に仲が良かった人たちとは、すでにうまくいかなくなっていた（笑）。自閉スペクトラム症によくある「絶交癖」に取り憑かれていたんだねえ。

マコトA NHKの大河ドラマの話題が出てたけどさ、横道がいちばん熱心に観ていたのは、中学二年生のときにやってた『信長 KING OF ZIPANG-U』だそうだ。残念ながら歴代の大河ドラマでも、評価が低いほうの作品だね。いずれにしても、横道は当時ちょうど歴史大好き少年として覚醒しつつあって。光栄（現・コーエーテクモゲームス）の「信長の野望」シリーズが同級生のあいだで流行していたからプレイして。同じ仲間内で人気のあった横山光輝のマンガ『三国志』を読んで、光栄の「三國志」シリーズもプレイして。

マコトB 男の子らしい戦乱期への関心と言えるかな。横道も歴史に無常感を感じ、それゆえに歴史を知ることに夢中になったので、HOTASさんの気持ちはよくわかるはず。大学生になる前後には、フリードリヒ・ニーチェの『善悪の彼岸』を熱心に読んだみたいだけど、これは歴史上のさまざまな事件に「善悪の彼岸」を感じていた中学時代の延長線上に発生した関心なんじゃないかな。

マコトA 「ガンダム」シリーズもそうだよね。横道が『Zガンダム』でまずびっくりしたのは、この作品の敵側って、前作の初代『ガンダム』で味方陣営だった「地球連邦軍」なんだよな。正確には、その内部のエリート組織「ティターンズ」。で、それに対峙する味方陣営が、ティターンズから見たらテロリスト集団にあたる「反地球連邦組織」（通称「エゥーゴ」）。

マコトB そう。ある局面で正義の側のように見えたものが、つねに正義の面だけを見せつづけるわけじゃないんだなあってことを、中学一年生の頃、『Ζガンダム』を観ながら初めて学んだのさ。歴史に夢中になる少し前の時期。そのガンダム的世界観に夢中になったことも、歴史好きの助走になったはずだ。

マコトA 横道が大学時代に観た初代『ガンダム』劇場版三部作で、なんと言っても心に残ったのは、主人公・アムロとヒロイン・ララァの悲恋。当時恋人との関係に苦しんでいて、なんで似た者同士なのにうまくいかないのかなって苦しんだとか。自閉スペクトラム症があると、そっくりな人に出会いにくい上に、出会った相手とは逆に似過ぎているからこそ、深刻な葛藤を抱えてしまうことが多い。

マコトB ぼくはＨＯＴＡＳさん同様、中学時代はロボットものをずっと観ていたよ。ぼくにとっては『新世紀エヴァンゲリオン』、『ジャイアントロボ THE ANIMATION ――地球が静止する日』、『トップをねらえ！』が三大タイトル。

『エヴァ』と『トップ』は庵野秀明監督、『Gロボ』は今川泰宏監督だけど、庵野もスタッフとして参加してる。いずれもケレン味たっぷりの演出が特徴的で、その迫力あるメリハリに痺れるような感覚があった。

マコトA 横道にはADHDが併発しているから、いつもぼんやりした世界観のなかを生きていて、それでそういうシャキシャキした刺激に飢えていた、という面もあるだろうね。

マコトB ぼくが入った高校は、学区内で上から二番目の公立校だった。小中学校時代、成績が科目ごとに凸凹していたので、いちばん上の学校に行くのは初めから諦めてしまった。ぼくもHOTASさんと同じく英語と数学がとても苦手だった。

マコトA いまではぼくは英語がかなり得意で、聞く、話す、読む、書くと一通りできるけど、それをじぶんでも不思議に感じてしまう。

マコトB 一方、数学はずっとダメなままなんだよねえ。たぶん限局性学習症の算数障害の傾向があるのだろう。

マコトA HOTASさんが応援団に所属していたというのは、イメージどおりで「我が意を得たり！」という感じでした（注――すでに述べたとおり、「スキンヘッド」というのは、横道の誤解でした、HOTASさん、ごめんなさい）。

マコトB　ははは。横道も同じ年頃に、やはりアウトロー的な世界に憧れていて、高校時代は伸びはじめたヒゲを積極的に生やすようになったって言ってたよ。子どもの頃から男なのか女なのか曖昧だという扱いを受けることが多かったので、それに対する反発があったって。そんなふうな性的な曖昧さを、自閉スペクトラム症の人はしばしば抱えている。

マコトA　HOTASさんは応援団に入ってからアニメなどを卒業したものの、人生観ではアニメを引きずっていたという話だったね。横道は高校時代、やはりおおむねアニメに飽きていたけど、そこで始まったのが『新世紀エヴァンゲリオン』で、ほんとうに夢中になってしまい、オタク生活に逆戻りしたそうだ。でも、それから数年のうちに、またアニメをほとんど観なくなってしまったんだね。かくして現在に至る。でも、いまでも横道は本質的にはアニメオタクだと自認しているってさ。

マコトB　精神構造がアニメオタク的だということなんだろうね。

マコトA　そうそう。だから体験世界もなんとなくアニメっぽいというか、「現実主義的な現実感」が欠けている感じがする。ファンタジックなようなSF的なような現実感。

マコトB　それって、自閉スペクトラム症の特性と相性が良いものって気がするね。アニメが先で曖昧な現実感が後か、曖昧な現実感が先でアニメが後か。

マコトA　HOTASさんの音楽に関する趣味が話題になってたよね。横道が高校時代に聴いていた音楽って、レトロなアニソンのほか、現在では昭和歌謡と呼ばれるようになったジャンルの歌。時代は平成初期だったけど、同時期の流行には背を向けていたそうだ。周囲の言動に同調しづらいというのも自閉スペクトラム症の特徴だな。

マコトB　で、音楽マニアらしくなったのは二〇代後半になってからだよ。その頃にはサイケデリック音楽を趣味の中心にして、中東のジャズとか、東南アジアの演歌とか、南米のクラシックとか、マニアックな音楽を聴きまくってたらしい。

マコトA　自転車って楽しいよね。横道は高校時代、電車に三〇分くらい乗ったあと、自転車に乗りかえ、二〇分くらい漕いで通学先に到着という具合だったそうだ。ウォークマンのパチモン商品で音楽を聴きながら、HOTASさんと同じように危ない仕方で自転車を漕いでいた。発達障害の問題か、単純に若さの問題か。

マコトB　HOTASさんが歴史を専攻したというのは知らなかったので、驚いた。

マコトA　ぼくと学問上の関心が似ている人だったんだね。ぼくは受験先を決めるにあたって、当初は歴史学志望だったものの、遺跡の発掘調査とか古文書の読解とか根性の要りそうなことはやれる自信がないと感じ、文学研究に専攻を変えたんだ。われながら、へなちょこ野郎だ。

マコトB 大学で少人数で教育を受けることができた点で、ぼくはHOTASさんに似てるけど、それでも一人の教員につき生徒が三人くらいという配分だった。HOTASさんに比べると、だいぶ「多人数教育」だ。

マコトA 横道の卒論のテーマはローベルト・ムージルというオーストリアの作家の『熱狂家たち』（『夢想家たち』という訳題もある）という戯曲作品。神秘主義的な体験を経て人生が改新される予感を得たのに、そんなふうにはならなかったことに苦しんでいる人たちの物語。発達障害者は「変性意識状態」を体験しやすい人が多いし、横道もそういうタイプだから、そこからの関心だね。

マコトB 横道の大学時代、アルバイトの内容はコンビニ店員、百貨店の贈答品コーナーでの包装、予備校の試験監督、合唱コンクールでの着ぐるみを着たマスコット役など。全般的に無能なバイト要員だった。

マコトA 横道はHOTASさんとは逆に「アムロ型」の人間なんだよな。偉そうにしている上役がいたら、すぐに反抗しようとしてしまう。逆に立場の弱い下っ端の人にはわりと寛大で、愛護精神が湧いてくるとか。同じ自閉スペクトラム症といっても、特性の表れ方はほんとうに多様だ。

マコトB 横道もHOTASさんほどではないけど、若い頃、年下よりは年上の女性に人気があるタイプだった。HOTASさんと横道のセックスアピールが似ているとは思わないんだけど、横道の場合は「生意気な若造」という感じだったので、それがお姉様がたの「母性本能」をくすぐるところはあったのかもしれない。

マコトA で、HOTASさんと同じく、それでも長続きする関係の構築は難しかったんだね。

マコトB 横道は高校時代から、ゆくゆくは大学院に進学しようと考えていたので、就職活動をしたことが一度もないんだ。発達障害の仲間と話していると、就活にいかに苦労したかがよく話題になるので、横道は恵まれていたなと思うよ。横道は世界中のいろんな国に行ったことがあったりして、冒険家的な面もあるから、その気になったら就活もそれなりにやってのけたのかもしれないけどね。結局就活に関する経験値はゼロのまま現在に至ってる。

マコトA だから横道は、いまでも未熟な印象を与える人間なんだろうね。

マコトB HOTASさんは二六歳で結婚したのかあ。横道はその年齢の頃、日本学術振興会の特別研究員に採用されていて、研究をしているだけで毎月給与をもらえる境遇だった。

マコトA ありがたい身分だねえ。でも横道の実家は破産した直後で、なんの経済的援助も期待できなかったし、横道が選んだドイツ文学研究の分野は、当時すでに四〇歳を過ぎて就職できない人なんかもいたので、結婚に向けてどうのこうのという人間関係はまったく構築できなかったって言ってたよ。

マコトB 親の老後の面倒を見ることを当たり前と判断して、それを前提に人生設計をしたHOTASさんは偉いなと思う。例の「イエッサー」精神が関係しているのかな。

マコトA ぼくは子ども時代の機能不全家族ぶりが忘れられず、若い頃に充分に援助をしてくれなかったのに、老後になって援助を求めてくる両親と和解することができないんだ。

マコトB 会社に入ってから、HOTASさんがいろんな業務につまずいたということが語られていたけど、これは横道も同じような状況だった。就職するまでは幼稚園、小学校、中学校、高校、大学、大学院といった教育を施される現場が、じぶんに合っていないんだと思ってたって。ところが就職してみたら、社会人として生きていく現場のほうが、よほどじぶんに合っていないとわかった。

マコトA　職場を解雇されたりはしなかったけど、いまではいわゆる窓際族として生活する日々になっている。それはそれで気楽な面もあり、悪いことばかりではないんだろうけど。

マコトB　横道は三〇代後半で鬱状態が深まって、アルコール依存になり、不眠障害を発症して、四〇歳のときに休職することが決まった。それでせっかくの機会だからと検査を受けて、自閉スペクトラム症とADHDの診断を受けた。で、自助グループの世界に出会って、人生が大きく変わることになったわけ。

マコトA　人間関係が困難という点で、HOTASさんと横道はやっぱりよく似てるよな。横道の場合は、さっきも話題にしたように、立場が上の人に対して反抗的になることが多くて、立場が下の人に対しては保護しようと考えがち。でもそれがいわゆるパターナリズム（父権主義的態度）になってしまい、かえって鬱陶しがられることもある。

マコトB　フォークリフトの操作をやりながらひとりで作業できる部署にいるというHOTASさんを、ぼくは「ぼくの分身」って呼びたいよ。ぼくはほとんど毎日在宅ワークで、同僚とも教え子とも必要最小限の接触だけをしながら生きている日々だから。

マコトA 自助グループや執筆によってじぶんの思考を整理するのに熱心な点もそっくりだね。外見の印象から「コワモテ」（何度も言いますが、誤解でした……）のHOTASさんを、横道はじぶんとだいぶ異なる人生を歩んできたんだろうと予想していたってさ。でも実際にはHOTASさんと横道は分身関係にあるかのように通じあっていた。

マコトB こういう発見が頻繁に発生するところに、発達障害者同士の対話のおもしろさがあるんだね。

第2章
まるむしさん

インタビュー

私は来年五〇歳になります。おもな診断は鬱病で、その背景にADHDと自閉スペクトラム症があると言われました。神奈川県で生まれ育って、二七歳から三〇歳まではアメリカ在住。日本に戻ってからは東京です。原家族は両親、私、弟の四人。それぞれ発達障害っぽさを感じますが、ボーダーくらいだと思います。じぶんがいちばん濃いです。

ずっと膜のようなもののなかに入っているみたいな感覚がありました。失感情症（アレキシサイミア）だと思いますが、現実感が薄いんです。実感がないというか。小さい頃から家族と情緒的な交流をしない。子どもの頃は友だちともあまりコミットしませんでした。ものすごく浮いていたわけではないけど。子どもの頃に大きな失敗の経験はなかったと思います。少なくとも社会に出るまでは。いじめられてもいませんでした。

幼稚園の頃、休み時間になって、友だち同士で固まって遊ぼうとしませんでした。園庭の真ん中でぼうっと立って、みんなが遊んでいるのを黙って二〇分、三〇分と観察しました。それを母親が見ていて、心配しました。私はつらいとかではなかったんですけど。

インドアな子どもで、家で絵を描いたりとか、ちまちまなにか作ったりとかをしてました。外で遊ぼうとしなかった。ほかの子どもの輪に入って遊ぶように促されると、地獄のようにつらかったです。流行にはあまり興味が湧きませんでした。テレビ番組なんかも知らなかったです。

小学校のとき、体育以外は人並み以上にできました。ぜんぶわかっちゃうのでつまらなくて。とくに好きだったのは図工ですね。ものを作ったり、絵を描いたり。リスの絵を描いて、県で入賞したことがあります。家に帰ったら、ずっと絵を描いていた気がします。体力がなくて運動音痴なので、体育の時間はずっと大嫌いでした。

低学年くらいのときは、たいした思い出がない。たまたま一緒にいる子と遊んでいるという感じかな。自閉スペクトラム症的なエピソードはちょこちょこあって、場の空気を凍らせたりとかは、ありました。人の心がないっていうか。道徳の授業で、車に撥ねられた人を目撃した場合に関するお話が出てきて、あなたがその立場になったら、どういうふうに感じるか、まわりの子と話しあってみましょうという課題。みんなは「かわいそう」とか、「大丈夫？ って声をかけます」とかと言ってるなか、私ははっきり手を挙げて、「じぶんじゃなくて良かった」って言いました。クラスが凍ったのがわかって、「あ、しまった。それが正解なのか」って思いました。二年生くらいのことです。

三年生のときに、いま思うとノンバイナリー的な自我の発露があって。この年頃から男の子たちの言葉が汚くなっていくじゃないですか。それを私が真似して、三年生の一年間くらいは男言葉を使ってたんですよね。髪も短くて半ズボンを穿いて、「うるせえんだよ」「ふざけんじゃねえ」なんてしゃべり方をしてました。

あんまり生き生きした日々じゃなかった記憶です。ひどい先生に多く当たったので、学校はくだらないなって。早くこの世界から出て行きたいなと思っていました。四年生のとき、生意気すぎて、先生からいじめられて。目をつけられたんでしょうね。爪を噛んでたら、「爪おいしい?」って聞かれて、立たされたり。こっちは先生のことをクズだと思ってました。クラス委員に選ばれて、前に立たされて、「どうぞ、仕切ってね。はい」って言われて、私の挙動を待ってるんですよ。戸惑ってるのを楽しんでたんだと思います。

一〇歳くらいまで、とくに厚い膜に包まれていたような気がします。この世界とじぶんは関係ないっていう思いがありました。現実世界とじぶんが分離している感覚。でも友だちを選ぶようになって、好きな子といるようになったりとか、塾に行きだしたりして、ちょっとずつ膜が薄くなりました。主体性が出てきたというか。それでも完全には消えなくて、ずっと、三二歳で出産するくらいまで残っていた気がします。

小学校六年生のとき、クラスで派閥争いがあって、「どっちグループなの」って言われて、「どっちでもない」って答えたら、なぜか両方から認められて、永世中立国みたいになったのを覚えてます。両方に出入りを許される特別枠として扱われて。

子どもの頃、フィクションを摂取したって感覚があまりないです。本は読んでたんですけど、親が勧めてくる遠藤周作なんかを読んでるだけで、字を読む作業をしている気分。物語の意味がわかってなかったです。おもしろいかっていうと、そういうわけではなかった。テレビ番組は観なかったですね。どっぷりハマってはないけど、少年マンガは読んでました。『白い戦士ヤマト』、『闘将(たたかえ)!! 拉麺男(ラーメンマン)』とか。高橋留美子の作品は好きで『うる星やつら』と『めぞん一刻』。あとは『ストップ!! ひばりくん!』『きまぐれオレンジ★ロード』。でも暇つぶしに読んでたくらいで、夢中になったわけではありません。

中学は受験をして、中高一貫のプロテスタント系女子校に行ったんですね。勉強ができる子が集まってる学校。好きな科目はやっぱり美術でした。題材をもらって、じぶんで写生して描いたり、焼き物を焼いたりは楽しかったですね。でも好きなクリエイターとかはいなかったです。美術館で絵を見ても、なにをどう味わえばいいのかって、いまでもわからないんです。

勉強は落ちこぼれ気味になったんですけど、アメリカの宣教師が開いた学校だったので、日本式の同調圧力が弱くて、わりとのびのびしてました。男子の目もなかったから、女性として見られることもなく、楽でした。友人関係も良好で、自閉スペクトラム症のわりに、対人関係の困難はなかったですね。

父親がむかしワンダーフォーゲルをやっていて、勧められるままにハイキング部に入って、そこの子たちと山登りをやってました。丹沢とか北アルプスとかに行って。中学生にはハードだったので、いちばん最後にくっついて、泣きながら登ってました。でも全般的にやりたいことがあったわけではないです。

あいかわらず読書や娯楽に興味がありませんでした。強いて言えば、クラスに『AKIRA』を読んでる子がいて、貸してもらって読んだらハマったということはありました。二次元の私の初恋は主人公の金田なんです。

高校にエスカレーターで進学して、好きな科目は美術のまま。美術系の大学に行きたいって、親にちらっと言ったら、近くにないから下宿が必要、うちは無理だって言われて、あっさり諦めました。

でもその頃ほかに興味の湧くものができて、環境問題を訴える映画を生物の時間に観せられたんです。グリーンピース的な自然保護団体が先導しているような映像。「これはいけない」っていう気持ちになりました。二年生のとき有志でグループを作って、文化祭のときに部屋をひとつとって、環境保護を訴えるポスターを模造紙で作って、貼っていきました。理想主義というか、世界を良くしたいっていう思いがありました。

高校まではわからないことだらけで、なにをしていたのか。ぜんぶがぼんやりしているイメージです。のほほんと生きていたような気もします。人間として育ってなかった。

高校時代もマンガは人から借りて読んでました。クラスでは『ベルばら』とか『風と木の詩』とかが人気でした。女子校の人はだいたいホモセクシャルの話が好きですから、そういうのが流行るんですね。私は『日出処の天子』と『パタリロ!』が好きでした。でも特別マンガ好きだったわけではないです。

クラスメイトたちは、偏差値がいい大学に進学しました。半分以上が東大早慶。でも私は勉強ができなくなっていたから、いい大学に行って就職して、どんな意味があるんだろうなって懐疑的に思って。それで私立大学の国際学部に入りました。社会問題を考える勉強がやりたくて。

だいぶ左寄りで、社会運動する子たちが多い大学です。私は世界で起こっているいろんなことを解決したいって思いました。政治経済は好きじゃなかったので、文化的なアプローチ。私が入学したつぎの年が一九九三年、「世界の先住民の国際年」だって盛りあがっていました。大学の先生がバックアップしていて、アイヌとかマオリとかが集まってきてフォーラムをやる、うちのキャンパスを使うって。熱気があったんですよ。私もがっつりハマって、生きる意義を見つけなきゃと思って。持てる者と持たざる者、先進国と途上国、南北問題。いまの時代よりもシンプルにコントラストされた時代だったと思います。じぶんたちがいる側が搾取する側だって考えて、先住民のいる側には文明で忘れられた知恵があって、独特な文化がある。

忘れられた楽園のイメージを頭のなかに作りあげて、具体的には沖縄の八重山諸島に並々ならぬ憧れを抱いて、しょっちゅう通ってました。そこにある島そのものを見ているんじゃなくて、理想化した世界を沖縄に押しつけていたと思います。ですから、行ってもすべては幻なので、得られるものはなにもなく、帰ってきても魂が抜けて、現実に戻ってこれない。病的な感じでふわふわしてましたね。ここではないどこかをずっと求めていて、それがそんな形になったんだと思います。

アルバイトはやっていましたが、飲食のウェイトレスとかそういうのは、使い物にならなかったですね。家庭教師は続きました。恋愛経験は少しだけ、テニスサークルに入っていて、そこの人。いまから思うと自閉スペクトラム症的ですが、付きあうならテニスがそこそこうまくて、上のランクの人がいいなと思って、一学年上の人を選んだんですけど、恋愛感情とは違った気がします。恋愛みたいなこともこなしておこうという義務的な感じというか。そのあとも付きあった人はいましたが、やはり恋愛感情というよりは友情っぽかったです。

南の島に入れこんでたのが、三年生で挫折しました。社会運動にありがちですけど、お金の問題とか人間関係のもつれとかあるじゃないですか。ものすごく青くて純真無垢だったので、そういうのを見せられて、ショックで崩れちゃったんですよね。ぜんぶ汚かったんだって愕然として。

それで、きっかけは忘れたんですけど、村上春樹に救われました。高校生のときも『ノルウェイの森』を読んだんですけど、そのときは「なんじゃこりゃ」って放りだして。でも鼠三部作を読んだら、どハマりしたんです。崩れちゃって虚無だったところに、いまだにうまく言語化できないんですけど、なにかが染みわたってくる、溜まっていくという感じがあったんです。ここになにかがある、みたいなことだけわかりました。救われてるって感覚だけがあって。それでどんどん読んで。『世界の終りとハードボイルド・ワンダーランド』がいちばん好きですね。世界との関係とか距離とかを計りかねて、手探りで確かめていく主人公が、じぶんと重なった感じがあって。私の空っぽだったところに、なにかが積みあげられていった気がするんですよ。私の新しい骨組みのようなものが。

卒論は結局、じぶんが南の島に対してなにを見てたのかという問題について書きました。村上春樹のことも話題にして、「じぶん論」みたいな内容。「沖縄は幻想だったので、学問的対象にできません」って言って、もとのゼミでは「そういうのは認められませんよ」って言われたので、ゼミをやめることにして、哲学や批評をやってる先生んとこに移って、そのゼミで書きました。

そんな感じですから、就活なんかもまともにできるはずはなく、どうしようかなって思ってたんですけど、募集の貼り紙が貼ってあったので、卒業した大学の職員をやりました。でも社会に出ても、なにもかもきつくて、鬱になって、三年持たなかったですね。いじめられたわけでも、ブラックだったわけでもないんですけど。

鬱で一年くらい寝たきりになって、親が見るに見かねて、語学の短期留学とかで外国に出てみたらって言いだして。逃げだしたい思いがあったから、一年くらい派遣をやって、お金を貯めて、二七歳のときに渡米しました。街はバークレーです。東洋医学の学校に行きました。で、三年間そこで学ぶことになりました。鍼灸と漢方。じぶんの成長にとって大きな経験でした。なんでもありなんだなって思いました。新しい世界が開けて、ひとつ楽になった感があります。

その時期に、初めて恋愛感情を知ったんです。相手はアメリカ人で女の子でした。一緒にいると、ほわほわっと幸せになる。これはなんだと思って、短い間、数ヶ月たんに遊んでいただけなんですけど、うれしかったです。彼女はテキサスから留学してきていて、そのうちに帰ってしまったんですけど。

そのあとインターネットの掲示板で知りあった人がいました。日本語で書きこんでいたら、日本にいた日本人の男性が反応して、テキストでのやり取りが始まりました。話がやたら合うなあって思って。嫌いなものがラッセンとかヒロ・ヤマガタとかで、意気投合して。「わかる、わかる」ってなって、一時帰国のときに会おうってなって、向こうが盛りあがったんですね。会ったらわかるようにって写真を送って。縁のある人と人が会ったときに、特殊な化学物質を感知するって言いますよね。私はそういうのがなにもなく、恋愛感情も湧きませんでした。でも向こうから猛アタックが始まって、三ヶ月に一回くらい帰国するたびにデートするようになって、そうしているうちになんとなく一緒にいるようになり結婚。三〇歳で日本に落ちつきました。

一年くらいで第一子の娘が生まれました。これが私の人生のなかで最大の事件でした。妊娠・出産・育児、すごく苦しかったんですよ。子どもがまったく寝ない、癇癪を起こして、泣きつづける。夫は子育てを手伝ってくれたけど、激務で、毎日帰ってくるのは日付が変わったあと。初めて出会った感情を掻きみだす他者が娘でした。数年後に娘が発達障害だってわかりました。私はずっと怒りに飲みこまれて。それまで怒りの感情自体、ほとんど知らなかったんですけど。こんな地獄あるのかって思って。濁流に飲まれているあいだに、確変が起こって、めっちゃ成長したって気がするんです。情緒的な成長、ようやく人間になった感じ。いまでも、ふたりとも生きのこったのが奇跡と思うくらいです。

あまりにつらかったんで、この家族で一生は無理じゃないか、もうひとつファクターを増やしたほうがいいんじゃないかって思って、それで四つ下に第二子の男の子が生まれました。第二子も発達障害の特性はあるんですけど、ひとりめがすごすぎたので、ふたりめのインパクトは小さく収まりました。

娘が六歳になって発達障害の診断を受けて、「なんだ、そうだったのか」ってわかって。理由があるってことで、じぶんが落ちつきました。物の見方が転換したんですね。それまでは「なんで?」「なんで?」「なんで?」って、灼けた鉛の玉を抱いているみたいで、六年ずっと迷走してて。じぶんのせいだと思って、スピリチュアル系にも走ってました。西洋占星術に一年通って、先生に習って。東洋医学に似てると感じました。世界の読み解き方のストーリーを作りあげているもの。怒りを滅しようとして、坐禅をやってみたり。

娘が診断を受けたら、じぶんのことも疑いはじめて、そんなにしないうちにじぶんもテストを受けました。それで、「発達障害でしょうね」って言われました。四〇歳のときです。こんなに生きづらいことの理由がわかりました。それからは発達障害オタクになって、ツイッターでひたすら情報交換をする数年間になりました。

子どもの問題が落ちついた頃、いろんなサブカルチャーの元ネタになってるから、その意味でもおもしろいって夫に勧められて、最初の『ガンダム』を視聴しました。テレビシリーズで全話です。続編の『Ｚガンダム』、『ＺＺ（ダブルゼータ）』、『逆襲のシャア』、『ＵＣ（ユニコーン）』。「宇宙世紀もの」を履修すると決めて、ぜんぶ見たほうが良いと思うようになって、そうしました。一日に三話くらい観て、半年くらいでぜんぶ観終わりました。世界観を何世代にもわたって群像劇で共有しているのを追った。ひとつの世界をまるごと受けとめたっていう経験の大きさがありました。それまで「お話を観る」ってことの意味がわかんなかったんです。作り話だから、ほんとうのことじゃないし、意味がわからない。三〇歳を過ぎて、『ガンダム』でひとつの世界観を楽しむことが、ようやくわかりました。

同じ頃に、流行していた『あまちゃん』も観ました。あれも群像劇でした。それからテレビドラマをよく観るようになって、映画館にも足を運ぶようになった。でもタイトルはどれも思いだせません。それに映像作品を読みとく力が、いまだに人並み以下です。なんでこうなったのかわかんないって感じる展開がたくさんあります。

息子が三歳のときに昆虫の本を買ってあげて、ついていたＤＶＤに夢中になっていたんです。私も芋虫を怖がったりしたら、この子の興味を壊してしまうなって思って、じぶんも勉強しているうちに、ミイラ取りがミイラになりました。子どもは最近では爬虫類に浮気していますが、私は虫のほうが良いです。あとは菌類も好きです。人間ってめんどくさいじゃないですか。虫や菌類は定型っぽいめんどくささの対極だと思うんですよ。整然としていて、シンプル。食べて、交尾して、子を残して、死ぬ。それ以外は宇宙の法則にのっとって生きている。どこにもつながっていかない。煩悩がなく、悟っているみたいな顔つきをしている。宇宙のことわりを体現している。

仕事は帰国してから、英語力を活かせるものをやるようになりました。この五年間は翻訳関係です。それと四年前に離婚しました。私は家父長制度には適応できなかった。相手の親なんかに縛られていくのは、お先真っ暗だと思いました。一夫一婦制で一生つがう、みたいなのもピンと来ません。限界が来てじぶんで気づくまで、そういう規範が世代的に社会から強く刷りこまれていたんだと思います。

コメント

マコトA　横道がまるむしさんと初めて接触したのは、村中直人さんの「自閉文化を語る会」に入りたい、と相談を受けたときだったとか。

マコトB　それ以前に横道との交流自体がなかったので、まず横道が主宰している自助グループに何度か通ってもらって、親睦を深めたあとで、村中さんに紹介したという流れだ。

マコトA　何年にもわたるアメリカ在住経験があることは初耳だった。横道よりずっと英語ができる人だったんだなあ。

マコトB　ずっと膜のようなものに入っている感覚があったというのは、横道の体験世界によく似ているね。横道が「みんな水の中」と表現しているやつ。

マコトA　おそらく自閉スペクトラム症に由来する周囲との断絶感が決定的な原因なんだろうな。まわりの人の言動がこちらにうまく届かず、こちらの言動も向こうへ届かない。

マコトB それでもまるむしさんは、失敗やいじめられた経験が少ないと言うんだから、横道の人生とはかなり異なっている面もある。

マコトA ひとりだけポツンとなって、まわりを観察している感覚について話していたね。ぼくの人生にも頻繁に起こった感覚だ。「自閉の体感」ということだろうか。

マコトB まるむしさんも横道も共通して、インドアライフを満喫した子ども時代を過ごした。ひとり遊びがとても好きだった。でも横道の場合、流行にまったく左右されなかったということはなく、テレビを観て『宇宙刑事ギャバン』、『大戦隊ゴーグルファイブ』、『キン肉マン』、『8時だョ！全員集合』、シブがき隊の曲なんかには魅了されていた。横道のうちは家電量販店だったから、自宅の店頭では一年中たくさんのテレビをつけっぱなしだったんだ。その環境の影響というのは大きそうだね。

マコトA 図工が得意だったというのは、まるむしさんとＨＯＴＡＳさんの共通点。横道はヘタの横好き側。体育の時間の苦労については、横道と同様だ。

マコトB 苦笑いを誘われたのは、横道も「超自己中」（とじぶんでは思ってないのに、他人からはそう評価されるよう）な感じ方をする子どもだったということ。自閉スペクトラム症があると、他者というか、正確には定型発達者とシンクロしづらいので、「じぶんはじぶん、人は人」という価値観になりがちなんだな。

マコトA 本人はじぶんの愛すべき世界でひっそりとすこやかに生きているつもりなのに、まわりはそれをしばしば自己中心的で冷酷だというふうに受けとってしまう。世間では自閉スペクトラム症者はしばしばサイコパスと混同されていて、怖いなあ、残念だなあと思ったりする。

マコトB そしてノンバイナリーの問題。つまり男性でも女性でもない、あるいは男性でも女性でもあるというような性自認が、自閉スペクトラム症の人にはよく見られる。横道もじぶんがいちおう男の子だとはわかっていた。でも、なぜ女の子ではないのかということが、それほどよくわからなかったそうだ。先天的な感覚なのか、後天的な影響のせいかは難しい問題なんだろうけど。

マコトA 昭和時代って、学校の教師がきっといまよりずっと冷酷だったよね。「一億総中流」の価値観が支配していて、「出る杭は打たれる」の原理が平成・令和の時代よりもまかりとおっていた。横道は、尊敬できる教師、信頼できる教師にはなかなか出会わなかったなあって、ぼやいてたよ。

マコトB 「努力と根性でなんとかしなさい」的な思想の人が非常に多かったね。その時代精神がいまではかなり廃れていて、ほんとうに良かった。

マコトA　教師によっては、まだまだ昭和的なんだけどね。まるむしさんは、思春期を迎えて、社会化が進むことによって、「膜」が薄まっていったと語った。それでも三〇歳で出産するまで、その「膜」は残ったと。

マコトB　横道は三〇歳くらいから、かえって「膜」が分厚くなったらしいね。社会人になって、鬱状態に苦しむことが増えたからだというのが、自己分析。よけいに「みんな水の中」の感覚に没入していった。で、四〇歳で発達障害の診断を受けてから、膜はまた薄くなっていったと。

マコトA　診断を受けて、発達障害の問題に対処できるように勉強して、生きづらさが軽減されたからだろうね。

マコトB　ところで「学級内の派閥争いというのは、女子の世界では男子の世界よりも苛烈というか、暗鬱な性質のものだ」という主張が世の中には多くあるじゃない？ぼくは少女マンガが好きだったから、あまりそんなふうに考えたくなかったんだけど、SNSなんかではそういう言説によく接する。その件についてまるむしさんは、「私はそういう言説にはハッキリと異を唱えたいです。けっしてそういう事実はないと考えています」と言っていたよ。

マコトA　まるむしさんは、なかなか活字の物語が飲みこめなかったとの話。横道はむしろ活字中毒の物語中毒。ふだん生活していても理解しづらい人間界のルールが、物語のなかではかなり明示的に整理されているから。物語を読むことで、現実の人間社会を渡っていくためのハウツーを知るというのが、横道の人生でした。

マコトB　でも横道って、小説以上にマンガ好きな少年だったよね?

マコトA　人間の感情のあり方とか、コミュニケーションの方法とか、現実に応用できそうなものをマンガから吸収していた感じ。まるむしさんが挙げているマンガたち、横道も小学生の頃から高校生の頃にかけて、夢中になって読んだそうだよ。

マコトB　まるむしさんには上品な雰囲気が漂っているので、お嬢様学校の出身だと聞いて、納得するものがあったね。

マコトA　美術に打ちこめたと語っていて、ほっとしたね。横道はオタク少年だったから、中学の美術部で、当時熱心に追いかけていた『機動戦士Zガンダム』や『超人戦隊ジェットマン』のカラーイラストなんかを、水彩絵の具や色鉛筆で熱心に描いていた。『美少女戦士セーラームーン』のキャラクターデザインは芸術だな、なんて思って模写していた。

マコトB　絵に描いたようなオタクだなあ。まるむしさんは同調圧力の弱い世界を体験できて、うらやましく感じる。でも横道だって大阪に住んでたことで、同調圧力が日本のほかの地域よりは弱めだったかもしれない。大阪には「個性があって、おもろいやつ」を尊重する文化風土があるから。大阪は発達障害者にとって、かなり住みやすいほうの街では、と思うことがある。

マコトA 大阪のおかげでぼくは自殺しないで済んだのかもしれないな。それから、横道は山登りをほとんどやったことがないそうだ。街中を歩きまわるのは好きなんだけど、風景がガラッと変わる楽しみがあるし、疲れたら乗り物に乗ることもできる。自然界のただなかだとそれが難しいよね。富士山に登ってみたいと思いつつ、いまだに果たしていないそうだ。「死ぬまでこのままな気がする」って言ってた。

マコトB 『AKIRA』を含めた大友克洋作品は、横道も若い頃、ハマってたねえ。『AKIRA』は、一九八〇年代というオウム事件以前の世相を反映して、宗教的要素も濃厚な作品だったね。あの頃は新興宗教は腐った資本主義を乗りこえるためのオルタナティブ、みたいな意味づけをされがちだった。

マコトA うん。ぼくはオウム事件のあとに初めて読んだから、『AKIRA』のそのあたりには(正直に言うと)少し違和感を覚えたよ。

マコトB 美大とか芸大とか、ぼくも憧れたもんだ。大学に入ったあとは、単位互換制度を利用して、近くにある京都の芸大に毎週通学して、授業を楽しんだり、キャンパスのあちこちを観察してまわっていたりしていたから。

マコトA そして横道にも環境問題への関心があったよね。まるむしさんが高校生の頃だと、横道は小学生の後半頃だったわけだけれど、ちょうどその頃、没後まもなかった手塚治虫のエッセイ『ガラスの地球を救え――二十一世紀の君たちへ』がベストセラーになって、日本でも環境問題への関心が高まっていった。

マコトB 横道は手塚作品の世界に入ったのをきっかけとして、「オゾン層」とか「酸性雨」とか「ポイ捨て問題」とかについて勉強するようになった。

マコトA 当時の日本では、まだ街中でよくポイ捨てがおこなわれていたんだよな。九〇年代のうちに、急速に廃れていった記憶がある。

マコトB そして大学進学の話題、横道は高校時代、できない勉強がそれまで以上にはっきりできなくなっていって、ほんとうは文系科目だけで受験できる私立大学に行きたい思いがあったんだ。でも家計状況がそれを許容できなかった。一生懸命に探して、なんとか文系科目だけできれば入れる公立大学を発見し、そこを受験して入学することができた。

マコトA 横道が大学に入ったのは一九九八年なので、まるむしさんが語っていたような活気は感じられなかった。大学ごとの政治的立ち位置なんかも関係しているかもしれないけど、やはりバブルに沸いていた一九九〇年代前半と長期にわたる停滞が始まった同年代後半では、大学の雰囲気もかなり違ってしまったんではないかな。

マコトB　でも、まるむしさんが語っている感じって、かなりリアルにイメージできるよ。ほら、ぼくが高校の頃に読んでいたマンガで描かれていた同時代や近過去の大学に関する描写って、まるむしさんが語っている世界観ととても似ているからさ。ぼくは、少し年上の人たちが、そういうリア充（死語！）な大学生生活を送ったんだなと思うと、素直にうらやましい気がするよ。華やかなりしバブル時代末期。

マコトA　横道は交際していた女性の影響で、沖縄にとても興味を抱くようになったんだよな。まるむしさんと同じく、八重山諸島に惹かれてならなかった。もっとも若い頃の横道はいかにも「ノンポリ」で、「ウチナーンチュ」（沖縄住民のこと）と「ヤマトンチュ」（沖縄を除く日本の他地域に在住している人のこと）の問題などに鈍感だった。それでまるむしさんのように煮詰まることもなく、単純な仕方で沖縄を「消費」していたというのが実情だ。

マコトB　恋愛の仕方がぎこちないというか、杓子定規的な世界観で交際しようとしてしまうというのは、横道にも身に覚えがたくさんあること。自閉スペクトラム症者って、「理想主義的」になってしまいがち。言い方を換えると、「べき思考」に囚われがち。あるいは、頭でっかちと言うべきか。

マコトA　一応補足すると、ぼくたちは日常的に、じぶん自身とは異質性の高い定型発達者たちに囲まれて生きているわけだから、じぶんの道を定型発達者以上に見失いやすいのは、ある程度まで仕方ないことではないか、とも思うんだけどね。

マコトB　理想主義が強いあまり、なまぐさい現実にぶちあたるや、一気に冷めてしまうというのも、横道が人生で何度も経験したのと同じパターン。ぼくたちもそのような「がっかり体験」によって、何度それまでの人間関係を絶ってきただろうか。理想主義的で思い入れが強いだけに、それが挫折したときの冷えこみも、ものすごいんだよ。

マコトA　横道は村上春樹の専門研究者でもあるね。『村上春樹研究——サンプリング、翻訳、アダプテーション、批評、研究の世界文学』（文学通信、二〇二三年）という本を出している。でも春樹作品との心理的な関係構築は、最初からすんなり進んだわけではないそうだ。もともとは、むしろアンチファンだったらしい。三〇歳前後で本格的に春樹に対して関心が高まって、三〇代後半から研究を始めた。

マコトB さっき挙げていた本の「補論」で横道は、村上春樹を「自閉スペクトラム症グレーゾーン」として論じているね。

マコトA うん、そうだった。ところで横道がいちばん好きな春樹作品って、まるむしさんと同じく『世界の終りとハードボイルド・ワンダーランド』だったような。

マコトB あの作品は一般に、女性読者にはそんなにアピールしないと言われることが多いよね。逆に男性読者には熱狂的なファンがたくさんいる。この作品を推すまるむしさんの「ノンバイナリー」性が表れているのかもしれない。

マコトA まるむしさんが卒論で「じぶん論」に帰着したという話、身につまされる。ぼくも同じようなもんだった。一応オーストリア文学を対象とした作品論で卒論を書いたけど、内容的にはじぶんの世界観のマニフェストみたいなもの。つまり「じぶん」論。いまのぼくはじぶん自身にフォーカスする「当事者研究」をやっているし、こういうあたりの志向も自閉スペクトラム症的「自閉」に関係している気がする。

マコトA 大学の職員さんってさ、尊敬してしまうよな。ぼくはふだん大学教員として働いていてさ、職員のみなさんにはお世話になってばかりだ。

マコトB　大学って、教員が省庁の大臣や長官だとしたら、職員が官僚なんだよ。つまり表に出てくるのは教員だけど、実際に組織を回しているのは職員。職員さんたちと仕事の連絡を交わしあってると、じぶんの無能さを思い知らされてしまう。

マコトA　社会に出て、すぐに鬱状態になった、というのは横道にも起こった事態。ぼくたちの「自閉性」のシステムを、社会は尊重してくれませんからね。しかし、それがアメリカに長期滞在するきっかけになったというのは、なんともうらやましい。ぼくも将来、アメリカにしばらく住めないかなって思ってるんだよ。できればニューヨークかボストンかシカゴかロサンゼルスあたりがいいんだけど。

マコトB　定年を迎えたら何年か住んでみようかな。

マコトA　まるむしさんは同性愛的経験を打ちあけてくれたね。横道にも男性として男性との恋愛・性愛経験があるけど、レズビアンやバイセクシュアルの女性がしばしばボーイズラブ（男性同士の恋愛もの）を好むのに似て、横道は百合（女性同士の恋愛もの）も大好きなんだよね。じぶんが体験できない性に対する憧憬（しょうけい）や美化の傾向があるのだろう。

マコトB　一九九〇年代の後半から二〇〇〇年代の初頭にかけては、インターネットが急速に普及しつつも、まだSNSの時代がやってきてはいない、というくらいのオンライン状況だった。その頃のパソコンやインターネットへの期待や夢やもどかしい感情って、強烈に覚えているな。インターネット時代以前は、雑誌の読者投稿欄で募集して「ペンパル」を見つけるとか、アマチュア無線でどこかの誰かと偶然に交信するとかの文化があったわけだけど、「パソコン通信」とか「インターネット掲示板」とかの利用によって、従来とはぜんぜん違う規模での遠隔交流が可能になった。

マコトA だからまるむしさんの話には、ノスタルジーをくすぐられるよね。相手に対して、恋愛感情が湧かないままだったというのは、気の毒に思うけど、あざやかに関係が進展したんだなあ。

マコトB 発達障害者がいかに子育てをするかという問題は、もっと広く語られるようになってほしいね。

マコトA 定型発達の親が発達障害の子どもを育てる苦労に関しては、よく話題になるけど、発達障害者が育児で突きあたる困難に関しては、多くの人が話題にしていない。おそらく発達障害者の側が子どもに対して「毒親」的な振るまいをする局面が出てくることに関係があるのだろう。障害者への非難、偏見、差別につながるということで、言説化が敬遠されがちなんじゃないかな。

マコトB それはわからないけど、発達障害の親が、同じように発達障害の特性を持った子どもを育てるとき、親自体が世の中にフィットしていけないという困難を抱えながら、じぶんと似たような特性を持つ子どもを、世の中にフィットするようにしつけていかなくてはならない、という状況が発生するわけだ。そこからひとつの地獄が生まれる、というのはよくわかる。

マコトA 発達障害に関する理解が世の中で広まって、多くの発達障害の親が冷静さを保ったまま、周囲からの支援を受けつつ、安心して子育てできるようになってほしいものだね。

マコトB あとおもしろかったのが、子どもをさらに産んで、家族を増やすことで問題を解決する可能性が出てくることもあるんだね。結婚してもいず、子どももいない横道には意外な対処法だったんじゃないかな。

マコトA 子どもに発達障害があるとわかって、じぶん自身の特性に思いいたる親はとても多いよね。そこから過去の全人生に対する展望が開けてくるから、問題を解決あるいは解消する道もせりあがってくる。

マコトB まるむしさんがスピリチュアル系にハマったというのも、よくわかる話。ぼくの母も発達障害の特性が強い人だけど、凶悪なカルト宗教に入信してしまった。あまりにも心労が大きくて、その苦しみを根本的に救済してくれそうなものに、縋（すが）りついてしまう。そうして結局、家族はそれまで以上に不幸の道へと追いやられることになる。

マコトA それでぼくは、伝統宗教を含めてスピリチュアルなものに強い抵抗感を持っている。

マコトB まるむしさんが発達障害の診断を受けたのは、横道と同じ年齢のときだったことがわかった。で、横道も診断後、𝕏（旧Twitter）の発達界隈に入って、膨大な情報を収集、整理していった。

マコトA それにしても、まるむしさんが「ガンダム」シリーズに興味があったというのは意外。HOTASさんといい、まるむしさんといい、横道といい、「ガンダム」シリーズ、とくに「宇宙世紀もの」と呼ばれる一連の作品は、彼らの世代にとって「教養」あるいは「文化資本」のような意味あいがあるのかもしれないね。「ガンダム」シリーズから群像劇の魅力を学んだというのは、横道もそうだったはず。中学生、高校生、大学生の頃に群像劇スタイルのマンガや小説をたくさん読んでたけど、そういうものを理解するための基礎は「ガンダム」シリーズにあったんだと思う。

マコトB 今回のインタビューで、この世代の発達障害者にとって、「ガンダム」シリーズが、対人関係や他者の心の動きを理解するための教科書として機能していた可能性がある、という新しい仮説を立てることができた。

マコトA 『あまちゃん』、放映時はすごく話題になってたよね。横道はテレビドラマというジャンルがあまり得意ではないので、『あまちゃん』とか、同じ頃に話題になっていた『半沢直樹』とかは、ピンと来なかったみたいだけど。

マコトB まるむしさんがふだんXで投稿しているのは、昆虫とか菌類とかに関する観察の情報。どういう経緯でそんなニッチな趣味になったのだろうと訝しんでたんだ。おとなの女性の趣味としては、わりと特殊じゃない？　研究者というわけでもなさそうだったし。

マコトA うん。お子さん由来と聞いて、納得した。「虫や菌類は定型っぽいめんどくささの対極」というのは、我が意を得たりという気がする。思うに自閉スペクトラム症者は、虫とかキノコとか、ほかにはシダ植物とか、コケ類とか、軟体動物に感情移入してしまうことが多いんではないだろうか。なんとなく「自閉性」を感じさせる生きものたち。

マコトB　まるむしさんのお仕事についても事前に聞いたことがなかったので、翻訳関係だと伺って、「へえ！」と驚いた。特殊能力を発揮して仕事をやっていけるって、誰にとってもうれしいことだと思うけど、自閉スペクトラム症があると、うまくやっていけない職場環境にぶちあたることが多いだろうから、なおさら喜びも大きいだろうね。

マコトA　あと、一夫一婦制に疑問がある、と言ってたよね。そういうようなことを語る自閉スペクトラム症の女性は何人も知ってるけど、定型発達の人にもそういう人は珍しくないだろうから、どこまで発達障害的な特性に関係があるのか、判断に迷ってしまうね。

第3章

ナナトエリさん

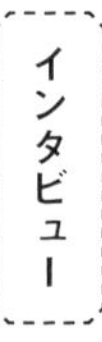

私は四〇代前半の女性です。自閉スペクトラム症、ＡＤＨＤ、算数の限局性学習症と診断されています。まったく読めない・書けないわけじゃないから、診断には至りませんでしたけれども、読字障害と書字障害もあります。

父はがっつり自閉スペクトラム症の特性がある工学系の学者なんですね。アメリカに研究員として招聘されたので、家族で駐在してました。母はたぶんＡＤＨＤなんだけど、じぶんでは認めてない感じです。弟がいるんですけど、定型っぽい感じの子で、成績優秀でした。

生まれは北海道です。四歳から六歳までアメリカにいたんですけど、その頃が記憶の始まり。アメリカでは目立たない子でした。とくに問題ない可愛くて良い子という感じで受けとめてくれて。家族のなかで非難されることもなかったです。アメリカにいたときは幸せでしたね。

その頃、いちばん好きだったのが、活火山の写真集でした。『ヴォルケーノ』っていうタイトル。あとは日本にいる祖母から少女マンガが送られてきて、それでマンガってすごいな、すばらしいなって思いました。いま検索しても出てこないんですけど、緑のショートヘアの女の子とピンクのロングヘアの女の子が揉めて、緑のほうが階段から転落するという話を覚えています。

学校に入る前に北海道に戻ってきたんですけど、母はかわいいお姫様みたいにしたいって、私をドレス姿で登校させて。それで上級生から目をつけられました。私は日本の子どもが乱暴に感じてしまって。男子としか気が合わなくて小学三年生からいじめられたんですね。それ以降は記憶がほとんどないです。学校のことも家のことも覚えてることが少なくて、帰り道のことばかり記憶に残っています。臨床心理士の人に「記憶がないのは解離ですよ」って言われたことがあります。日本が合わなかったですね。友だちは一応いたけど、私と同じように個性的なタイプでしたね。

小学五年生くらいから『週刊少年ジャンプ』にハマりました。『ドラゴンボール』、『スラムダンク』、『幽☆遊☆白書』をやっていて全盛期の時代。『幽☆遊☆白書』では飛影とコエンマ、『スラムダンク』では仙道と流川のファンでした。模写をしたり、部屋に貼った等身大タペストリーに話しかけたりしました。

公立の中学校に進学したんですけど、得意科目は美術で、ほっといてもずっと五を取ってる。でもそれ以外は平均的な成績です。発達性協調運動症があるので、体育はほんとうにダメでしたね。マットで後転ができなかったです。美術部に入ってたけど、やっぱりそこでも浮いていたから、ちゃんと出ないで帰ったりしていました。学校始まって以来というレベルのいじめを受けていて、学校の記憶はやはりほとんどありません。不登校は許されなかったので、放課後にアニメファンやマンガファンの子たちと群れて、札幌に出てアニメイトに行って、みんなでしゃべる、みたいなことをしていました。

だから趣味は、変わらず『幽☆遊☆白書』や『スラムダンク』。何年もやってましたから、ずっと追いかけてた。それから大河ドラマの『秀吉』を観て、一〇代の織田信長を演じていた当時五〇代の渡哲也さんを好きになって、グッズを集めたりしていました。音楽では氷室京介のファンで、だからストイックな感じがする男性が好きでした。そういう趣味は誰とも話が合わなかったですね。

高校でもいじめられっ子で、ほとんど覚えてないんですけど、インディーズバンドの追っかけになって、地元の誰も知らないようなのを推してました。メンバーに気に入られて、ワゴンに乗って移動してました。それで、ちょっとずつギャル化していって。おしゃれで洗練された子を真似するのは難しかったけど、ギャルのスタイルを真似るのはかんたんでした。そうしたら、学校でも独自の立ち位置を得たっていうか、いじめられはしないけど、どこにも属していない人、みたいなカテゴリーになりました。

そのあと札幌にある大学の芸術コースに進学しました。北海道の唯一の美大です。面接の印象が良かったみたいで、あとから教授に「ギャルってこれまでいなかったから、おもしろそうだと思って」って言われました。でもやっぱり学科は合わなくて、あぶれましたね。「ギャル怖い」って周りに避けられてました。悪寄りの子たちと路上に寝たり、ライブハウスに行ったりして、いつのまにかべつの人生になってました。

美大の人たちからは閉鎖的な感じを受けて、なじめなかったんですけど、授業には出ていて、映像制作をするところだったので、ボロボロの映画館とか上映会で寺山修司の作品をたくさん観て、楽しんでました。いちばん最初に教授が出した課題が「エロス」というテーマ。それで私は「この子エロいな」と思ってた女の子が裸で恋人と絡んでるところを撮影しました。教授には絶賛されて「今回の一位はこれだ」って言われたけど、ほかの学生には「納得できない」「こういうのは違う」って不評で、また孤立してしまいました。

アルバイトはいっぱいしてたんですけど、どの職場に行っても問題を起こしてしまって、やめる羽目になってしまって。一年、二年のうちに五回も六回も職場を移ってました。いわゆるクラッシャーですね。「ハッタツ」として生きていると、恥ずかしいことばかりです。

恋愛経験はそれなりにあるんですけど、最近本心としては男性が好きじゃないって気づきました。私は母親からも「顔以外はダメ」ってよく言われていて、性的な魅力を使わないと、じぶんは認められないって思ってたんです。本当にバカなことをたくさんしたので、妊娠とかしなくて良かったと思っています。女性はずっと好きじゃないけど、いまは男性も好きじゃないんだなと思っています。

就職活動はしなくて、教授が「何やってんだ？」ってデザイナーの仕事を紹介してくれたんですよ。そしたらその会社の社長にヘンに気に入られたらしく、毎日説教されるようになったんですよね。だんだんエスカレートして、次第に物を投げつけられるようになったので、三ヶ月くらいでやめることになりました。

そのあとは一〇年間くらい、アパレルの販売員でした。子どもの頃からずっとマンガ家になりたかったのに、実際には無理だろうと思っていたんです。でも興味は続いていたので、マンガ業界のことぜんぜん知らないと思って、マンガやアニメを勉強できる専門学校の夜間コースに入学しました。そこでいろいろ情報収集して。課題で制作したマンガのネームを先生がコンペティションに出してくれて、賞に入ったんです。それで担当編集がついて、投稿するっていう生活に入りました。

二六歳くらいから四年間、アパレルとマンガ投稿の二重生活をやって、三回入賞しました。最初に受賞したマンガはバンパイアになってしまう菌が繁殖する物語です。ふたつめは小さな男の子がひとりで洋館に住んでて、主人公の男の子を奴隷として雇う内容でした。三つめは編集さんにテコ入れされて、アパレル業界をかっこよく描くみたいな内容で、マンガを描くのがすっかり嫌になりました。

　でも三回入賞に対して四回落選もして、それで担当編集さんから「きみは芽がないから」って捨てられてしまいました。それにショックを受けて、「これは東京でやってないからだ」って考えて、三二歳のときに上京しました。でも上京後の話の前に付けくわえておきたいのは、その直前に、唯一の親友で幼馴染だった「ななちゃん」、私のマンガ投稿も応援してくれてたんですが、その子を若年性のガンで亡くしたということです。最後のあたりは彼女の病室に原稿を持ち込んで制作作業しながらお見舞いをしていました。彼女が楽しみにしていてくれたのに、生きているうちにデビューできなかったことが心残りです。私のペンネームの「ナナトエリ」は「ななちゃんとえり」という意味です。

　東京ではお金がなかったので、マンガ家志望の人が入るシェアハウスに入りました。壁に拳大の穴が空いているような部屋です。じつはこの年、東日本大震災が起こっていて、その直後に上京したので、田舎では「いま本州に行くなんて！」と驚かれましたし、住んだ家がボロすぎて、いつか下敷きになって死ぬんだと思っていました。

　シェアハウスで二年間くらい過ごしながら、出版社への持ちこみを続けました。ギャルっぽい外見が興味を引いたのか、某出版社の編集者が声をかけてくれて、アドラー心理学をマンガで紹介するっていうコミカライズの仕事をもらったんです。当時はアドラーがブームだったので、それなりに評判を呼んで、そのお金でシェアハウスを出ることができました。

そのあとは東京の北のほうでひとり暮らしをして、サラリーマンみたいな感じでハウツー本の作画をする仕事を続けました。経営体制が怪しい編プロ（編集プロダクション）を紹介されて、トラブルになって、ハウツー本業界怖いなって思いましたね。著作権を奪われかけたんですよ。その頃に発達障害の診断を受けて、発達障害をマンガにしようと思って持ちこんだんです。でも、まだ知識があまりなくて、うまくいかなかったんですよね。代わりに新潮社で、原作付きの『未中年』というマンガを連載できました。

その頃、亀山聡さんと結婚して、ふたりでマンガを描くようになりました。それで、あるマンガ家のパーティーに出たら、例の私を捨てた編集者がいたんですけど、私が泣いてしまったんですね。するとまた声をかけてくれて、タッグを組むようになりました。「あのときの涙が胸に詰まった」なんて言われています。クサい話で恐縮なんですけど。その編集者に夫と合作していることを伝えて、雑誌に掲載してもらえるようになりました。

つぎに夫との合作を連載するという話になって、その編集者に「ボードゲームのマンガを描かないか」と言われて、取材をしながら制作を進めたんですけど、編集長が「ボードゲームのマンガは載せたくないなあ」なんて言いだして、ダメになってしまいました。担当編集はOKでも、編集会議で落ちてしまうということは、業界ではよくあることなんですけど、予想してなかったので、びっくりしました。でも惜しいので、前に連載させてもらった雑誌に持ちこみをしたんです。そこでもダメだったんですけど、編集長が「自身の発達障害について描いてみないか」って言ってくれて。それで『僕の妻は発達障害』が始まりました。

『僕妻』は四年くらい連載して、発達障害の人や、発達障害の配偶者がいる人からは、厚い支持をいただいて、公式サイトのコメント欄には応援のメッセージや読者のみなさんのエピソードが溢れました。でも一般の人にはあまりアピールできなくて、三巻で打ちきりになりそうでした。それで私その頃、蛇を飼っていて、「アルバさん」って名前をつけてたんですね。だけどアルバさんはガンになって死んじゃったんですよ。かわいそうで、当時すごく凹んでいたんですけど、不思議な話、ちょうどそのタイミングで私の誕生日に編集者から電話がかかってきて、「テレビドラマになることが決まりました」って言われて。「打ちきりをお伝えしたあとで厚かましいですけれども、連載を続けてくれないでしょうか」って！　それで私はその幸運はアルバさんが運んできてくれたような気がしてるんです。

きっかけはプロデューサーのひとりが『僕妻』のファンだったんです。その人の強い推しでドラマ化が決まりました。印象に残っているのは、（ももいろクローバーZの）百田夏菜子（ももたかなこ）

さんが主演なので、ファンのかたが本当に熱心に応援してくれて、感動しましたね。アイドルのファンってこんななんだってびっくりして。夫も百田さんのファンになって、話の内容に感動して泣きながら観てました。それから、推してくれたプロデューサーはドラマ終了後に、監督の方と結婚しました。『僕妻』の夫婦のかたちを見て、結婚に踏みきったということです。連載に関しては少し前に終わって、単行本は八巻で完結したところです。

文字を読むのが苦手なので、長年読書に親しめなかったんですけど、私は趣味がYouTubeで原爆の被曝証言を聞くことだったんですよ。好きな理由ははっきり説明できないんですけど、不思議と安心できるんです。でも聞きつくしてしまって、どうしようと思ったら、本で読めばいいんだって気づいて。Kindleが普及していたので、それで読みあげ機能で音声を聴けば良いってわかりました。それが五年前くらいです。

ほんとうに本を読んでこなかったので、初めは『黒い雨』すらも知らない状況でした。でも『黒い雨』を聴いてみたら、原爆の描写よりも、主人公の魅力にびっくりして。「文学ってすごい!」って思いました。それからは大田洋子とか原民喜を聞いたりです。マンガですが『はだしのゲン』は最近読みました。子どもの頃にアニメがトラウマになったので、読むのは怖かったんですけど。アニメは衝撃的すぎて、いまでも観れないですね。

原爆文学が入り口になって、発達障害に関する本も読むようになっていきました。それで横道さんをどこかで知って、初めて読んだときには、おもしろすぎて死ぬかと思いました。『イスタンブールで青に溺れる——発達障害者の世界周航記』（文藝春秋、二〇二一年）から入ったんですけど、「勉強本」とは違う濃厚さに感動してしまって。私自身にも海外経験があるから感じることが多くて、一冊を五回も聞きかえしました。

子どもの頃からマンガをおもしろいと思って読んでましたが、読みとれてなかったことが多いんですよね。でもいま、むかし好きだったマンガを読みなおしてみたら、改めて気づくことがたくさんあって、驚きます。友だちの自閉スペクトラム症の人を見ていると、二次元から学んでる人が多いなって思うんですけど、私は人とぶつかって学んだことが圧倒的に多いほうですね。

いま結婚七年めなんですけど、やっぱり夫と共同生活をするようになって、深く関わって、それで人間について理解を深められるようになりました。夫は言語化能力が高い人で、それで人のことをだんだんわかるようになったら、逆算的に文学作品もわかるようになってきたという感じです。それまでは「じぶんの気分がいいかどうか」くらいでしかじぶん以外の人を捉えてなかったと思うんです。

それから一〇年前に知りあったマンガ家のKさん。彼女も言語化能力がすごい人で、私にいろいろ手解(てほど)きしてくれて、それでわかることが多くなりました。Kさんがふたりめのキーパーソンで、三人めは『僕妻』の監修をしてくれている四宮滋子（しのみやしげこ）先生。夫婦揃って診察してくれて、それが勉強になりました。

コメント

マコトA ナナトさんとも、村中直人さんが主宰している「自閉文化を語る会」で知りあったんだ。ぼくは結成当初からのメンバー。三年ほど経ってから、村中さんがナナトさんという強力な人材を加えてくれた。横道より少しだけ年下だ。

マコトB ご両親にも発達障害の特性があるという話が出ていたね。発達障害は遺伝しやすいから、じぶんのと同じような特性を家族が共有していることは珍しくないよね。それによって、問題が余計にこじれることも多いと思う。お互いに、じぶんの特殊さの秘密を理解できないまま、相手の特殊さが気になって仕方ないわけだから。

マコトA ナナトさんには解離があって、学校時代のことをよく思いだせないという話だった。解離とは心と体が分離したように感じる現象。突然失踪する、記憶喪失になる、多重人格を発症するなど、現れ方はさまざまだ。横道にもあって、じぶんの斜め後ろにもうひとりのじぶんが立っているような感覚を子どもの頃からずっと感じているんだ。

マコトB 横道はじぶんの解離のおもな原因を、家庭で受けていたカルト宗教の教義にもとづいた体罰にあると考えているようだね。でも学校で日常的に受けていたいじめだって、関わっているんじゃないかな。ナナトさんは学校だけでなく家庭の記憶もないと話していたから、横道と同じように学校と家庭の両方で苦しんでいたのだろうね。

マコトA ナナトさんのマンガ初体験のことが語られていたね。ぼくは初めて買ってもらったマンガのことをよく覚えていて、ゆでたまごの『キン肉マン』第七巻だった。幼稚園の頃、『キン肉マン』が大ブームだったんだ。そのブームが去ったあとは、つぎに子どもたちのあいだでブームになっていた車田正美の『聖闘士星矢』の単行本を集めた。ナナトさんと横道って、少ししか年齢が離れてないけど、『ドラゴンボール』『スラムダンク』『幽☆遊☆白書』に関しては、横道は物語をちゃんと追いかけながらも、そんなにハマらなかったみたいだ。

マコトB うん。横道は小学校高学年から、手塚治虫とかの古めかしいトキワ荘系の作家に夢中になっていったからね。そのあとはやっぱりレトロな少女マンガとか怪奇マンガとかに耽(ふけ)るようになった。それにしてもナナトさんのお母さんが、ナナトさんにドレスを着せて登校させたっていうのは、身につまされるなあ。

マコトA　そうだね。ぼくの母もじぶんの息子と娘に「いいとこのお坊ちゃん・お嬢ちゃん」ふうの装いをさせる困った趣味の持ち主だった。みんなが長ズボンを穿くような年になっても、ぼくは変わらず半ズボンを穿かされていて、いま当時の集合写真を見てもぼくの格好だけ浮いていて、違和感を感じる。これはぼくの母にもナナトさんのお母さんにも「空気を読みにくい」という自閉スペクトラム症の特性があるからではないかな。

マコトB　自閉スペクトラム症の特性があると、善かれ悪しかれ、まわりとシンクロしにくくなるからね。それとナナトさんは本をあまり読まない子ども時代を過ごしたんだね。いまは非常に読書家というイメージがあるから、とても意外だった。本好きな人って子どもの頃から本好き、本を読まない子どもは逆に、いつまで経ってもそんなに読まない、というケースが多いよね。

マコトA　限局性学習症の読字障害の問題だね。横道もＡＤＨＤと斜視のせいで視線が泳ぎやすく、本を読むのには独特の困難がある人なんだけど、一方では過読能力（ハイパーレクシア）の特性があって、活字中毒でもあった。横道には初めたくさんの絵本が与えられたあと、いとこの家からもらってきたお下がりの児童向け文学全集が贈られた。横道はこれを読破することで、未来の文学研究者として最初期の自己形成を遂げたと思っている。

マコトA　それはそうと、横道は国語の時間は好きだったけど、吃音の傾向があったのには苦労したね。吃音も「小児期発症流暢症」という発達障害の一種だ。それから横道は滑舌が悪く、いまでも呂律が回らない。これも発達性協調運動症の「微細運動の障害」に含まれる。だから朗読などはそんなに得意ではなかった。読書感想文なんかは書きたがるほうだったけど、言いたいことがうまく書けたと感じることはほとんどなかった。これは自閉スペクトラム症の「こだわり」が悪いほうに回転したんじゃないかな。さらに横道には場面緘黙症もあって、学校でほとんど口をきかない時期があった。場面緘黙も医学的には発達障害として論じられることがある。

マコトB　ナナトさんを含む自閉スペクトラム症者の多くと同じく、横道も体育は苦手だった。発達性協調運動症の「粗大運動の障害」。とくに休憩時間にやるドッジボールが地獄に感じた。あれに参加したくなくて、ほんとうに困ってしまったんだ。鈍臭い子どもに力任せに球を投げつけて痛がらせるという、ああいう非人道的な遊びを黙認していた小学校というシステムを、現在でも心の底から軽蔑してしまうよ。

マコトA 横道がほかに苦しんだ実技科目というと、音楽かな。横道の母親はお嬢さん育ちなので、子どもたちに楽器を習わせたかったんだけど、横道に関しては手先が非常に不器用なので、楽器は免除された。代わりに横道は算数と体育の苦手さをなんとかするために、ソロバンと水泳を習うことになった。でも、限局性学習症と発達性協調運動症のせいで、どちらもほとんど上達しなかった。学校のクラブ活動でサッカーをやったりマンガを描いたりしたけど、それらもいっこうに上達しなかった。

マコトB 妹はエレクトーンを買ってもらって、一生懸命に習っていて、子ども向けのコンクールによく出ていた。弟は楽器を習ってなかったけど、高校時代から軽音部に入って、ベース奏者になった。

マコトA そう言えばナナトさんは大河ドラマの『秀吉』で渡哲也を好きになった、って言ってたね。しばらく前に横道が『秀吉』を初めて観ていて、𝕏で「五〇代の渡哲也が一〇代の上半身全裸の信長役というのはきつい（笑）」みたいなことを書いて投稿したら、ナナトさんがサッと食いついてきて、「その一〇代の信長を演じる五〇代の渡さんが、私の好きだった人です！」なんて応答してくれた。あれには笑ってしまった。発達障害者の趣味嗜好って、一般的なものからズレてることが多くて、おもしろいね。

マコトB ナナトさんはギャル化するという生存戦略を選んだわけだ。横道の場合、高校時代はいかにも「オタク少年」のままだったから、だいぶ違う世界を生きていたことになるね。横道はオタク向けアニメのTシャツを着て、アニメ好きの同級生からすら馬鹿にされたりしてたもんね。

マコトA でもほら、高校生の途中から横道はヒゲを生やしはじめたじゃない？　大学生になったら、丸メガネをかけて、戦前の日本人男性みたいな風貌になっていた。あれもやっぱり「ギャル化」に似た「戦前日本人化」だったんだよ。そういうふうにすることで、「へなちょこボーイ」な印象を粉飾していたわけだから。

マコトB なるほどね。大学院に入ってしばらくしてから、あの「変装」をだんだんとやめていったけど、あれは研究者の雛鳥として自己確立できたからなんだろうね。

マコトA ナナトさんみたいにインディーズバンドの追っかけができたら、楽しかっただろうね。高校時代のぼくはと言えば、ラジオ番組を聴いたり、レンタルショップでCDを借りだして、アニソンや昭和歌謡の曲をカセットテープにダビングしたりしていたという地味な音楽趣味。そうやってコレクションが増えていくのは、スクラップブック作りみたいで楽しかったけど。もちろん正規品のCDと違って、ジャケットもなければ歌詞カードもないにせよ、じぶんの手で記入した曲目リストを見ているだけで、幸せな気分になった。

マコトB　当時から現在に至るまで、横道は基本的に短調の悲しい曲を好んでるよね。というか、長調の楽しげな曲にイライラしがちな人なんだ。じぶんの世界観を肯定してくれるものに愛着を抱いていたわけだね。それから何度も転調する曲が大好き。やはりじぶんの不安定さを肯定してくれるような気がするからだろう。

マコトA　バンド音楽などを聴くようになったのは大学院生になってから。横道がとくに好きだったバンドと言えば、相変わらずのレトロ趣味で、ビートルズ、ビーチ・ボーイズ、グレイトフル・デッド、T・レックス、LOVE、クイックシルヴァー・メッセンジャー・サーヴィスなど。つまりサイケデリック・ロック。向精神薬なんかを使ってぐにゃぐにゃした精神世界を表現している音楽。横道自身の体験世界にとても近いと感じて、親近感を抱いていた。アメリカ、イギリス、ドイツ、フランスなどのバンドはもちろん、東南アジアとかアフリカとか中南米とか、いろんな地域の泡沫(ほうまつ)バンドのレコードやCDをたくさん収集した。そういう音楽に通じる印象のあるフォークソング、ジャズ、現代音楽などもたくさん聴いた。

マコトB あの頃は、それまで知らなかったじぶん自身の感受性に気づけるようになって、毎日がほんとうにキラキラしていたよね。エッセンシャルな音に全身が洗われながら、大切な時間が流れていった。

マコトA ナナトさんは寺山修司の映画を好んでいたんだね。横道も一時期よく観ていたよ。きっかけは幾原邦彦監督のテレビアニメ『少女革命ウテナ』。この作品では、寺山の演劇や映画で音楽を担当していたＪ・Ａ・シーザーの奇妙な楽曲がたくさん流れてくるんだ。それで寺山にも興味を持つようになったというわけ。一〇代から二〇代の横道は、アングラ趣味にどっぷりだったね。

マコトB ナナトさんは「エロス」を課題とした制作物で、ちょっとやりすぎの傾向があったことを語っていたね。その先鋭性が美大の教授に評価されたけど、同級生の共感を得ることはできなかった。これはよくわかるんだよね。横道も文学研究でエロティシズムに関する内容をよく扱うけど、「記述内容がきわどい」と同業者から指摘されることが何度かあった。「オブラートに包んだ表現が苦手」という自閉スペクトラム症の特性や、「強烈な刺激を求める」というＡＤＨＤの特性に関係があるんだろうね。

マコトA ナナトさんが、女性はずっと苦手だったけど、いまでは男性も好きじゃないと言っていたのは、印象的だったな。ぼくは男性も女性も好きだと思うときがあるけど、実際にはナナトさんと同様、男性も女性も好きじゃないというのが真実かもしれない。

マコトB 就職したら、社長にしょっちゅう説教されて、という話が印象的だったね。それはやはり女性だから、そしてギャル的な印象が強かったからだろうね。横道の場合には、上の立場の人から期待され、励まされることが多かったよ。それはやはり「戦前日本人化」の結果だったんじゃないかな。

マコトA まあ、横道はそれに疲れて、結局はそういう装いをやめたというのもあるね。まわりの人がじぶんに見ている姿は虚像なのだから。それがとにかくうんざりするようになってしまった。そもそもじぶんのせいなんだけど。

マコトB ナナトさんはアパレル業界で働きながら、マンガ家をめざした。横道は大学院を出たあと、常勤の大学教員になれたけど、それで目標喪失状態になってしまった。でも、ぼくは研究者じゃなかったらマンガ家になりたかったんだよね。まともな画力を形成できるほどの努力もしなかったんだけど。あるいは絵本作家かナイトクラブのＤＪか。横道もそういう夢に向かっていたら、目標喪失で苦しむことはなかったのかな。

マコトA 未成年の頃はマンガ収集の趣味が横道を支えてくれたけど、研究者になっていく過程で、それもやめてしまったしね。専門書をたくさん買わないといけなかったから。専門の勉強に打ちこもうとしたんだけど、なかなか集中できなかった。どんどんアルコールに溺れて、不眠障害になって、ほとんど眠れなくなっていった。

マコトB そして横道は四〇歳のときに、発達障害と依存症の診断を受けた、というわけだ。精神疾患の勉強をするようになって、自助グループ活動にもめぐりあって、現在に至る出版ラッシュが始まることになった。

マコトA ナナトさんがアドラー心理学を解説するマンガを描いていた、という逸話にはギクッとしてしまった（笑）。じつは横道は、アドラー・ブームを起こした『嫌われる勇気――自己啓発の源流「アドラー」の教え』（岸見一郎／古賀史健著、ダイヤモンド社、二〇一三年）に対して、わりと批判的なんだよね。

マコトB それはどういう理由があってのこと？

マコトA 発達界隈には、この本から悪影響を受けて「嫌われて良い」と粗暴な言動を垂れ流しにしながら、完全に開きなおっている人がちらほらいて、辟易（へきえき）してるのさ。

それに自己啓発系の本のいずれにも共通する発想だけど、他人や過去は変えられないけど自己と未来は変えられる、と説いている。これが健常者にとって参考になる考え方だというのは、否定しない。でも病人や障害者には有害だと思うんだ。すでに病気や障害で苦しんでいるのに、じぶんを追いこんで変えようと図ったら、余計に変調を来してしまうよ。まず変えるべきは当事者の環境だって、ぼくは考えているんだ。

マコトB なるほどね。でも横道は『嫌われる勇気』の「課題の分離」は評価してるよね。じぶんに責任が帰属する問題に集中し、そうでない問題には関与しない、という思想。これに関しては、精神疾患の当事者にとっても参考になる考え方じゃないかな。

マコトA その点はそうだね。でも「課題の分離」がアドラー心理学だというのは、『嫌われる勇気』がまことしやかに作りあげたフィクションだけどね。ほんもののアドラーはそんな思想を説いていない。

マコトB ふむふむ。まあ、それはそれとして、『僕の妻は発達障害』って、ぼくはテレビドラマから入ったんだよね。𝕏を見ていて、この番組が始まるというので発達界隈がわーっと盛りあがっていた。それで、横道はふだんテレビを観ないんだけど、見逃し配信で観てみることにしたんだ。

マコトA その頃まで、横道はももいろクローバーZになんの興味もなかったんだけど、サブスクで楽曲を聴いたりするようになったんだよね。「Dの純情」とか「月色Chainon」とか「Chai Maxx」とかが好きだったかな。

マコトB あと主人公の夫婦が「北山さん」なんだよね。横道は住んでるところが「北山文化」の象徴・金閣寺の近くだし、勤め先が「北山駅」を最寄り駅とする京都府立大学だから、謎の親近感を抱きながら楽しんだんだよ。

マコトA そして原作が完結したあとに、全八巻を一気読みした。六巻でヒロインの知花（ちか）が、かつての同級生で、現在は小学校の先生を務めている男性に向かって言うセリフに痺れたね。「自然じゃダメなんです　私は衝動にまかせて自然にしていたら嫌われてしまいます　なので自然にしないようにすると今度は不自然になります　嫌われない自然ってどういうことでしょうか？　今も考え続けています」

マコトB 発達障害者の魂の叫びだね。発達障害者と定型発達者は「人種が違う」というところがあるから、発達障害者の自然なありようは定型発達者にとって不快なものになる。あとは、ぼくとナナトさんには原爆に対する関心という共通点があるね。ナナトさんは原爆の被曝証言を聞くのが趣味だった。横道は原爆を扱ったマンガや絵本のコレクター。なんでこういう共通点になってしまうんだろうね。

マコトA 思うんだけど、原爆体験って、日本人がイメージできる災厄のうちで最悪のものじゃない？　だから、こんなに悲惨な体験もあるんだという話に共感することで、じぶんの悲惨な体験が浄化されるような気がするんだと思うよ。「じぶんもまだまだ挫（くじ）けている場合じゃない」って。

マコトB なるほどね。深刻なトラウマにまみれている人は、トラウマをありありと表現した作品に癒されるっていうからね。悲しい気分のときに悲しい曲が救いになるのと似たような原理。

マコトA なるほど。

マコトB それから、ナナトさんが横道の『イスタンブールで青に溺れる』を猛烈に推してくれるのはありがたいね。この本はエピグラフが「原爆詩人」として知られる原民喜の詩「夏」の一節なんだよ。「山の上の空が／まつ青だ／雲が一つ浮んで／まつ青だ」。𝕏でもナナトさんはぼくのことをいつも「私の推し」と呼んで、ファン活動をしてくれている。だからこの本でコラボレーションできたことは、ほんとうにうれしく思っているんだ。

マコトA　それでぼくは、ナナトさんに横道の『ある大学教員の日常と非日常――障害者モード、コロナ禍、ウクライナ侵攻』（晶文社、二〇二二年）を勧めたわけだよ。この本には、ロシアのウクライナへの侵攻開始や横道のアウシュヴィッツ＝ビルケナウ強制収容所跡の訪問に絡める仕方で、ぼくの原爆への思いを記した一節があるから。

マコトB　今回の本ではナナトさんによるおまけマンガも収録することができた。これからもナナトさんの活動を応援していこうと思ってるんだ。まずはナナトさんのアドラー心理学マンガとか（笑）、亀山聡さんとの別の合作『ゲーマーズ×ダンジョン――僕はゲーム依存じゃない』（小学館）を読むことからかな。

横道誠先生にインタビューされて爆発した話
ナナトエリ
亀山聡（夫）
大変だ！
イスタンプールで青に溺れる
みんな水の中　唯が行く！
発達界隈通信　ある大学教員の日常と
ひとつにならない　グリム兄弟とその
学問的後継者たち　解離と嗜癖
なたも狂信する　発達障害者は〈擬
の！
横道誠先生と
Zoomで
お話できる！
大ファン
化粧
濃！
あ…
顔出し無し
ですか…
ご尊顔…
ちょっと
ホッ…
インタビュ―― 中。
お、
思ったより
人生を細かく
聞かれる内容だ
テーマに沿って
質問をされる
くらいだと思ってた
サー…
稀に
混同されるのだが
僕妻は
エッセイではなく
私は知花と似てない
というか
あんな可愛い
わけあるか！
マンガ表現
ギャフン
横道先生
私は自分が
好きになれない
人間です
これ…
大丈夫そうですか？
サラサラ～

第4章

ヨシさん

インタビュー

僕はいま三〇代後半、自閉スペクトラム症と診断されていますが、ＡＤＨＤも多少は入ってると思います。出身は香川県です。家族で発達障害っぽい人は祖父でした。祖父に溺愛されて、親子関係はだいぶ希薄。いわゆるアダルトチャイルド（機能不全家庭で育った人）だと思います。

幼稚園の頃のことはほとんど記憶がないけど、運動が不得意でした。お遊戯をやっていても、みんなと動きがズレてしまうんです。同じ動きができなくて。手先も不器用で、モノ作りをやっても、お面を作ることができない。僕は創作物は好きだけど、創作はずっとできないままです。いじめなんかはなかったと記憶しています。

その頃は親から買いあたえられた絵本を読んでいました。主体性が乏しくて、じぶんから求めようとすることはなかったです。お気に入りの絵本はトミー・アンゲラーの『すてきな三にんぐみ』。ちょっとゾッとする感じが好きでした。それから「ムーミン」シリーズの挿絵も。内容はわからなかったんですけど、奇妙で優しい感じが好みでした。あとはレイモンド・ブリッグズの『スノーマン』。最後に溶けてしまうのが悲しくて印象に残りました。絵がかわいいけど、内容は残酷というものに惹かれました。児童向けのテレビ番組なんかは、頭に入ってこなかったですね。好きではないと感じていました。

子どもの頃はいつも、親に叱られるんじゃないかって、まわりの眼にビクビクしていました。何かあると溺愛してくれる祖父母のところに逃げて、そうすると親は手出しできない。そうやって、親との関係はどんどん冷えていきました。

小学生の頃、能力に凹凸が目立ちましたが、勉強はよくできました。とくに国語や社会が得意でした。物語を読むと、じぶんを主人公に置きかえて変身願望が満たされました。でも登場人物たちとじぶんが似てると思ったことはありません。むしろ隔絶した存在だと思っていました。本を読むと、社会や世界が広がっていく感じがして、じぶんもその一員なんだって認識できました。社会の科目も同じです。社会や歴史が広がっていて、そのうちにじぶんもいるって感じました。体育、図工、音楽、家庭科などは不器用でうまくできず、クラスメイトに笑われていました。

習い事はたくさんやらされました。ピアノ、水泳、華道、書道、料理クラブ。それから学校のマーチングバンドでチューバを吹いていました。でもどれもうまくいかなくて、親は匙（さじ）を投げてしまいました。親から折檻（せっかん）されて蔵に閉じこめられたり、火傷をしない程度ですが湯をかけられたりして、そういうのが心の傷になっています。八歳のときに弟ができたのですが、僕が親になつかなかったので、それで親はそういう選択をしたんだと思っています。宮﨑駿の『君たちはどう生きるか』で、主人公がなんとなく家族にそっけないのには、共感してしまいました。

クラスでずっと孤立はしていたんですけど、小賢しいので、みんなの輪からはぐれない立ち位置を研究して、いじめられないようにしていました。むしろ、いじめに加担する側に回って、生きのびていたくらいです。先生になついて、ひいきにされると有利だと学習しました。ただしひいきにされすぎると、クラスメイトから嫌われる。そのバランスが大事です。不器用でゲームもできないんですけど、友だちの輪の一部に収まって、はぶられないようにしていました。ゲームで唯一クリアしたのは『かまいたちの夜』ですね。シナリオを担当した我孫子（あびこ）武丸（たけまる）の世界観がゾッとする感じで好きでした。

少年マンガに興味が湧きませんでした。『ドラゴンボール』『幽☆遊☆白書』『スラムダンク』が連載されていた『ジャンプ』の全盛期。でもバトルものは、むしろ嫌いでした。理由もなく悪の存在がいて、正義感だけで戦っているのが、どうしようもなく胡散くさく感じてしまって。ギブアンドテイクの交渉がないのは、嘘だと思ったんです。『こち亀』のなかに、シンデレラなんて美貌に恵まれて結婚する話だから、美談でもなんでもないって描かれていて、真理だと思いました。子どもの頃から、「善性のもの」に対する僻（ひが）みのようなものがあるんです。バトルものだと主人公たちが修業して強くなりますが、発達障害は修業しても治らないですからね。じぶんが発達障害だと知ったのは、おとなになってからですけど。

学校の図書室とか近くにあった公立図書館で学研とかの歴史マンガなどをよく読みました。歴史上の人物が出てきて、じぶんと比較することができる。でも趣味は平均的でしたよ。織田信長はかっこいいと思ったし、『三国志』だったら諸葛亮孔明がかっこいいって。王道のあたりですね。各個人の雰囲気のかっこよさのほかに、人間関係が複雑に描写されることに惹かれました。あるときは味方だった人が、あるときは敵になる。嫌いだけど恩があるから助ける、みたいな機微。それから歴史の不思議さ。勝海舟が三菱に繋がったりして、「へえ」と思ったり。それからもちろん、歴史上の人物のへんなエピソードも好きでした。坂本龍馬のADHDっぽいところとか。

手塚治虫の『ブラック・ジャック』は青天の霹靂でした。こんなマンガは初めてだって思いました。主人公がニヒルで、高度な手術の見返りとして巨額の謝礼を取っていく。そんな影の部分と編みあわさるように、命の尊厳という光の部分が語られる。それから怪談が好きでした。九〇年代はオカルトブームで、テレビで特集されているのを楽しんで観ていました。UFOとかノストラダムスの予言なんかのオカルトにも興味があって、傾倒しました。現実の向こう側になにか秘められたものがあるっていう世界観がおもしろくて。でもサブカル趣味に広く影響を受けていて、唐沢俊一なんかを読んでましたから、『ムー』とかのオカルトを小馬鹿にしながら眺めるスタンスも知っていました。ですからスピリチュアル系にどハマりするようなことはありませんでした。高尚すぎず、低俗すぎずのあたりの感覚が好きなんです。

小学六年生のときに『エヴァンゲリオン』を見て、親子関係をじぶんに重ねたりして、心に残りました。少しあとに『少女革命ウテナ』があって、これにもすごく影響を受けました。このあたりの時代は阪神大震災があったり、オウム真理教の事件があったり、神戸の酒鬼薔薇事件があったりして、混沌としていた時代ですよね。その時代の空気から受けた影響はいまでも僕のなかに残っています。この頃にはもう希死念慮（きしねんりょ）がありましたね。いまでもずっと死にたいままです。

公立の中学校に進んで、やっぱり社会科がとくに良かったです。国語も良かったですが、英語がからきしでした。異質な言葉の論理に頭がついていかない。苦手意識がつくと、気持ちに負荷がかかって、学ぶ意欲が失せました。コミュニケーション能力がまったくないんです。英語で挨拶をしたり演劇をやったりするのも、苦痛でした。外国人教師がやる異文化交流も嫌いでした。社会の時間に眺める世界地図は好きでしたが、日本が好きなので、海外に住みたいという思いは生まれませんでした。

あいかわらずクラスで孤立していたけど、擬態して、ふつうの人のフリで集団活動をやっていました。運動音痴を馬鹿にされたりもしたけど、太宰治の『人間失格』みたいに道化のふりをして、いじめを回避してました。図書館にはよくこもりましたね。日本文学ばかり読んでました。中島敦、筒井康隆、星新一、宮沢賢治、村上春樹など。江戸川乱歩の「芋虫」、「鏡地獄」、「人間椅子」。中学の終わり頃には、流行していたライトノベルの『ブギーポップは笑わない』を読みました。救いのない話が多くて、好きだった。

外国文学にあまり興味がないんですが、人間描写がおもしろくて、アガサ・クリスティは好きでした。理詰めで物語が展開していくところにも自閉スペクトラム症の特性が刺激されたんだと思います。それから、どんでん返し。ふつうなら思いつかないような展開になる。コナン・ドイルも好きでしたね。テレビドラマですが、『古畑任三郎』が流行っていて、ハマりました。日本版の『刑事コロンボ』といった感じの作品ではあるんですけど。

趣味が深まるにつれて、明るく陽気な作品よりも暗く考えさせる作品に愛着があるとはっきりしてきました。ラノベを読むような感覚で村上春樹を読んでました。希死念慮が強かったので、濃厚な死の香りに惹きよせられたんです。それからつげ義春の『ねじ式』との出会い。これは大きかった。いまでも趣味の中心にあると思っています。

中学二年生までは、祖父母に育てられたようなものです。祖父が死んだあとは、ひとり離れに住むようになって、食事のときだけほかの家族と顔を合わせていました。

高校は公立で、あいかわらず社会と国語が得意でした。とくに日本史は勉強をろくにしなくても一〇〇点をよく取れました。でも英語だけができないままで、文系も理系も難しい。あまりに英語だけひどいので、悪目立ちして、ふざけてやっていると誤解されて、呼びだされて叱られたりしました。体育ができなくてもあまり馬鹿にされなくなったのは助かりましたね。

欲しいものがあると、親はお金をいくらでも出してくれるんですけど、僕にはほとんど物欲がありません。知的好奇心は強いので、お金の使い道は本に集中しました。作家では、夢野久作を知ったのがこの頃かな。マンガだとガロ系の作品。引きつづき義春のほか、ねこぢる、丸尾末広、蛭子能収。あとは『マンガ・エロティクス・エフ』で連載していた華倫変。いちばん大きかったのは、鬼頭莫宏を知ったこと。『なるたる』を読んで、どハマりしました。首を切断されたキャラクターが球体関節人形の頭部にされて飾られる場面は、ドキドキしましたね。僕はふつうの人が惹かれるものに惹かれないんです。いつもサブカルチャー、アングラカルチャーの方向に寄っていく。

高校時代はレンタルビデオの会員証を作って、映画をいろいろ見るようになりました。英語ができないのに、好みの映画はアメリカのものがメインで、『ショーシャンクの空に』、

『ニュー・シネマ・パラダイス』、『ユージュアル・サスペクツ』、『セブン』、『サイレント・ランニング』。ドイツ映画の『es［エス］』。恋愛ものははっきり嫌いでした。それから日本文学が好きなのに、邦画は苦手でした。でも『リリイ・シュシュのすべて』は主人公の空虚感がたまらなくて、夢中になりました。それからは岩井俊二の作品をどんどん観ていきましたね。

「2ちゃんねる」が流行っていて。叩かれるのが怖いから書きこまないけど、よく眺めてたのを覚えています。政治がおもしろいと思うようになっていて、2ちゃんねるでは議論が活発でおもしろいなと思ったんです。でも特別な政治的立場や支持政党はないんです。いまでも選挙に行って、毎回白票を投じていますから。

あと高校生から投資を始めて、だんだんとおもな収入源になっていきました。

推薦がうまくいって、地方の国立大学に入りました。法学部を選んだのは政治が好きなのと関係しています。自由民主党の派閥間のパワーバランスを研究対象にして、卒論を書きました。サークルに入っても溶けこめないことはわかっていたので、バイトばかりやってました。賄いつきの飲食店、塾講師、引っ越し業、自動販売機の補充などいろいろ。家は裕福だけど、経済的に自立したかったんです。

じつは中学時代から祖父に勧められて、ちびちび飲酒をやってましたが、大学生になると、ますます飲むようになりました。好きなのはビールと日本酒ですね。深酒はやばいとわかっていましたから、それはなるべく控える一方で、背徳感を楽しむために自販機で買って、自宅の牛小屋に隠れて飲んでいました。酒を飲みながら読書するのが快感でした。

読書内容はずっとアンダーグラウンド趣味。講談社の『ファウスト』とか『メフィスト』とかに掲載される作品がよく話題になっていました。若くて活きのいいミステリー作家がたくさん出てきた時代。森博嗣がとくに好みでした。文章に感情がこもっていない感じに惹かれた。西尾維新はギャグ的なセンスがあまり好みではなかったです。伊坂幸太郎は村上春樹っぽいと感じて好みでした。

マンガ雑誌だと『月刊アフタヌーン』とか『月刊ＩＫＫＩ』。鬼頭莫宏の『ぼくらの』が大好きでした。映画だとデヴィッド・フィンチャーの『ファイト・クラブ』。デヴィッド・リンチの『マルホランド・ドライブ』には衝撃を受けました。難解でシュールな作品には無条件でハマるようになっていました。そういう作品の圧倒的なインパクトに惹かれてしまいます。

中学時代に一回、高校時代に一回、大学時代に二回、社会人になっても二回、じぶんを好きになってくれた女性がいましたが、僕には恋愛感情がわかりませんし、性欲は食欲と同様にとても低いんです。まったくないというと嘘になりますが、性欲処理をしようと思わないくらいに微々たるものなので、セックスのときにも勃起しませんでした。ですから長いこと、じぶんはインポテンツだと思っていたんです。三〇歳くらいになってアセクシャルという概念に出会って、「じぶんには恋愛感情はまったく、性欲もほとんどない。これか！」と理解しました。

バイトで貯めたお金は投資に回して、貯金が趣味になりました。バイト先からオファーがきて、就職活動が面倒だったので、塾の講師や家庭教師を本業としてやることになりました。担当は中学高校の社会科目と、現代国語など。ずっと辞めたり再開したりを繰りかえしました。協調性が必要な場面で、協調できない、雑務もうまくこなせない。職場ではよく揉め事を起こす人間です。怒ると相手の人格を否定するまでキレてしまう。二二歳から二八歳まで香川、愛媛、福岡、広島、大阪なんかを転々としながら、凌いでいました。並行して投資はずっとやっていて、だいぶ増えました。

二七歳のとき、当時勤めていた会社から栄転に見せかけた左遷をやられてしまい（笑）、韓国の釜山に派遣されて、日本語教師として教えるようになりました。それから二年現地にいて、韓国語もある程度できるようになりました。日本人にとっては、英語よりずっとかんたんな言語だと思います。でも東北の震災が起きて、それで韓国では喜んで沸いている人が多かったんですよね。それで気分を害して、日本に戻ることにしました。

帰ってきたら、今度は台湾に行こうと思いました。年齢的にワーホリで行ける最後のチャンスだったからです。それで一年台北で暮らしました。韓国とは逆の世界と感じました。寒い国と暑い国、甘い味と辛い味、反日と親日。

韓国と台湾の共通点は、僕にとって対人関係が日本よりも楽だったことですね。現地の人とは「別枠」扱いなので、人間関係が希薄でも問題にならなかった。そういう意味では、海外生活とはウマが合っていました。

韓国時代もそうですが、台湾にいたときもオタク的な活動はほとんどしていません。電子書籍が普及していく時代の直前の頃ですし、向こうで日本の本やマンガを買うと高いですから。

三一歳で帰日して、思ったことがあります。日本中あちこち住んで、韓国も台湾も住んだけど、じぶんは何も変わらないと思ったんです。それで、じぶんの人生の課題にケリをつけようと考えました。それは親と絶縁するってことです。連絡をとるのをやめて、実家にも帰らなくなりました。

仕事では兵庫県に住んで、塾の講師をやりました。ワーカホリックな傾向があって働き者ですが、対人関係はうまくいかず、いつも同じパターンでダメになる。副業として福祉のバイトで身体障害者の介助をやってみると、意外とおもしろかったんです。で、身体障害の顧客から「おまえ発達障害者じゃないか」って指摘されました。人間関係のトラブルで、三五歳で仕事をやめたときにクリニックに行って、自閉スペクトラム症の診断を受けました。それから三年が過ぎましたが、仕事はやらないままで、投資だけで生活しています。資産の額ですか？　意外とはっきり聞かれることが多くて驚きます。かんたんに言うと、「億」には行っていません。投資はなんと言っても継続ですね。

ほかに話題にしていない作品だと、マグリットの絵はとても好きですね。今敏の『パプリカ』と『PERFECT BLUE』。押井守の『うる星やつら2――ビューティフル・ドリーマー』。夢と現実が混沌としていて、超現実的な世界が広がっているのが共通点です。

でも、いまのいちばんの趣味は自助会めぐりです。二〇二三年になって、発達障害の自助会に参加するようになって、人生観が変わりました。主人公が同じようなことをやる『ファイト・クラブ』が下敷きになっているかもしれません。対人関係で悩んで、何度も転職を繰りかえしてきたけど、それには理由があったんだと思いましたし、ほかのアセクシャルの人たちにも出会えて、性の問題にも理解が深まりました。じぶんと同じような人が集まっているし、自己理解がぐっと深まる。あと、語られる内容がシュールでホラーな感じですよね？　なんとなくガロ系っぽい。しかも創作上のものでなくて、じぶんの人生としてやってるのがたまらない。総合芸術をタダで鑑賞できている気がしてきます。

たくさんいろんなものを読んだり観たりしてきて、人間関係の機微は理解しているつもりだけど、じぶん自身の人生に反映できるかと言われれば、まったくできませんでした。自助会に参加していると、「あなたも発達、私も発達、みんな発達」という感じで気が楽です。赤塚不二夫ふうに言うなら、「これでいいのだ」みたいな感じ。

コメント

マコトA　ヨシさんとは、横道が京都で主宰しているふたつの自助グループ「月と地球」（発達障害者とその関係者向け）および「宇宙生活」（困りごとがある人は誰でも歓迎）に参加してくれたのをきっかけとして、知りあったんだよね。

マコトB　横道がオンラインでやっている自助グループ「推しを広めあう発達凸凹の会」や「希死念慮をやわらげてみよう会」でも常連の参加者だ。

マコトA　体の動きが特別にぎこちないというのは、発達性協調運動症なんだろうね。横道は子ども時代、幼稚園や学校で体を動かす時間が嫌で仕方なかった。じぶんだけ何をどうして良いのかわからず、笑いものになることが多かったから。

マコトB　横道が子どもの頃に好きだった絵本で、よく覚えているのは、中川李枝子と大村百合子という「ぐりとぐら」シリーズのコンビが作った絵本『そらいろのたね』。空色のきれいな種から空色の家が芽吹き、育っていくのが幻想的で、青色好きのぼくは興奮したんだ。

マコトA　それから『モチモチの木』だ。斎藤隆介と滝平二郎が作った名作絵本。滝平の絵は美しく、温かい印象がありながらも影絵的な表現を取っているから、陰影が強烈なので、どことなくゾッとする感じもあり、原体験のようなものになった。つまりヨシさんと同じく、絵本からトラウマ的なインパクトを受けたんだ。

マコトB　ヨシさんは祖父母に溺愛されたと言っているけど、横道も祖母（父の母）から同じように溺愛されていたね。横道の父は末っ子だったので、その子どもということで、いとこたちのなかでも、横道はかなり年齢が下のあたりだった。母が厳しかったのとは対照的に、同居していた祖母から、子ども時代の横道はだいぶ甘やかされた。

マコトA　ヨシさんが社会と国語が得意だったというのは、横道に似ている。社会には歴史の分野が入っているし、国語と同じく「物語を楽しむ」という要素があるよね。現実を離れた空想世界に生きられるし、過去のことを参考にしつつ現実の人生に役立てることもできる。

マコトB　なにより人間関係への洞察力が磨かれるしね。実社会をわたっていく能力は平均より低いにもかかわらず、いや、むしろだからこそ、横道は社会という科目のとりこになったんだろう。

マコトA　横道も母親によく暴力を振るわれて、父親から趣味を否定する発言をよくされたみたい。そうしてできた溝は、いつまでも埋まらなかったね。

マコトB　宮﨑駿監督の『君たちはどう生きるか』の主人公ってさ、まっすぐな少年だったけど、家族との関わりに懸隔（けんかく）を感じて共感したというヨシさんの立場は、よくわかるような気がするな。横道は小学二年生のときに転居して、祖母との同居が解消されたから、横道に対する祖母への影響は、そこでほとんど終わりだったんだよね。ヨシさんは祖父母とともに過ごした期間がもっと長いぶんだけ、影響も大きかっただろうね。

マコトA　横道の小学生の頃というと、よくいじめられていた印象があるけど、いじめに遭っていない時期もたしかにあった。集団のなんとなくの同調圧力に対する強い抵抗が生じなかったとき。人気のある男子のいるグループに入ることができたときなど。横道はそんなグループで、ピエロ的な役回りを演じていた。あとは特別強力なカリスマ性を持った男子がクラスに存在しなかったとき。そういう場合には、頂点としてのカリスマ男子から最下層としての横道に至るピラミッドが形成されないから、いじめに遭うのも免れた。

マコトB　横道も我孫子武丸の作品が好きだよね。とくに『殺戮にいたる病』。文芸誌『文學界』二〇二四年六月号には、横道がこの作品の主人公を演じながら悩み相談をしている様子が掲載されていたよ。

マコトA 横道もヨシさんと似たような感受性の持ち主だけど、むしろヒーローものから「善悪とは曖昧なものだ」ということを学んだ気がする。そうして、どんどんダークな趣味の創作物に惹かれるようになった。善悪を曖昧に描いた作品というのは、典型的には石森章太郎（のちに石ノ森章太郎）の『サイボーグ００９』とか永井豪の『デビルマン』とかだ。前者では、善側のサイボーグ戦士たちが悪の組織によって造られ、これを裏切るという展開が描かれるし、後者では人類の敵、悪魔と合体した主人公の苦悩が表現されていく。横道ももともとは『週刊少年ジャンプ』のバトルものが好きだったんだけど、石森や永井、手塚治虫、横山光輝なんかのレトロなマンガに興味が移って、ジャンプ系は放りだしてしまった。

マコトB 歴史マンガって、じつは最初のうち、なかなか入りこめなかったんだよね。子どもの頃から横道は保守的な観点から非難されることが多くて、むかしながらの伝統的な文化や社会は、じぶんと対立的な関係にあると感じていた。それで、歴史について学ぼうという気も、なかなか湧かなかった。

マコトA　はっきり言うと、日本人が日常的に和服を着ていた時代のものはすべて苦手、という時期があったよね。でも歴史上の人物で子どもの頃にたいへん苦労したとか、発達障害の特性を感じさせる人物（織田信長とか坂本龍馬とか）を描いたマンガを読むうちに、日本史にも興味が湧くようになった。

マコトB　そうするうちに、横道はヨシさんと同じように歴史情報のディテールなんかも熱心に調べるようになっていった。

マコトA　手塚治虫の話が出ていたね。横道も夢中で読んだもんだよ。マイベスト5を挙げるなら『ブラック・ジャック』『火の鳥』『ブッダ』『三つ目がとおる』『アドルフに告ぐ』なんだって。いつからか「ダーク手塚」なんていう括り方ができて、『奇子（あやこ）』とか『MW（ムウ）』とか『空気の底』みたいに暗い世界観の手塚作品が注目されるようになったよね。

マコトB　横道が好きな手塚作品は、外形としては王道的名作なのに、「ダーク手塚」な要素もたくさん含みこんでいるというパターン。ひとつの作品のなかに天国も地獄も収まっている。

マコトA　横道の世界観に即した趣味なんだよね。大失敗の大荒れの海に、ときどき天才的な閃きの陽光が差しこんでくるような人生。

マコトB　横道にもオカルトに関心を燃やした時期が少しあったね。それにしたって、手塚とか石森とか藤子とかの地球外文明、古代遺跡、未確認生物などを題材にしたマンガの影響が大きかったと思うけど。

マコトA　『エヴァンゲリオン』と『ウテナ』は横道も大好きだね。横道のほうがヨシさんより何歳か年上だけど、ヨシさんと横道はかなり似てると思う。人生でいちばん影響を受けた作品として、横道はよく『エヴァンゲリオン』の名を挙げるね。好きなアニメの個人的ベスト5は、『エヴァ』以外だと『ウテナ』、『ふしぎの海のナディア』、『ガンダム』（初代）、『天空の城ラピュタ』だって言ってたよ。

マコトB　案外とふつうの趣味なんだなあ！　でもさ、この五つの作品って、親子の描かれ方が特徴的だよね。あるいは親子関係の欠陥というか。

マコトA　そうだよね。横道はドイツ語の教員として一五年以上働いてきたし、英語も人並みよりずっとできるけど、中学高校時代、英語は苦手科目だったんだってね。このまえ、中学一年生のときの授業の話をして、ぼやいてたよ。「ハロー、マイ・ネーム・イズ・マコト・ヨコミチ。ナイス・トゥー・ミート・ユー。ディス・イズ・マイ・ペン！」みたいな会話練習がとにかく嫌でたまらなかったって思ってしまった。

マコトB　日常的な日本語コミュニケーションも不得意なのに、どうしてふだん使い道のない英語で会話練習をやらなければいけないのかって思ってしまった。

マコトA　それなのに、横道には子どもの頃から海外向きの素養もあった。たとえば、世界各国のライバルが戦う『キン肉マン』や『聖闘士星矢』が好きだったこと。カルト宗教の影響で『聖書』に親しんでいたこと。いとこのうちからもらってきた『少年少女世界名作全集』（全四〇巻、鶴書房）を読破したこと。ヨシさんが話題にしているような日本文学の作品もたくさん読んだみたいだけど、外国文学はそれ以上に惹かれたそうだね。

マコトB　横道はライトノベルも少し親しんだけど（『スレイヤーズ』シリーズなど）、わりと早くに飽きてしまったみたい。

マコトA　ヨシさんはアガサ・クリスティを好んだと言うけど、まったく同じことを言っていた女性の自閉スペクトラム症者を知ってるよ。意外と多くの自閉スペクトラム症者が、クリスティの作品によって人間観察の技術を磨いているのかも。ここまでにＨＯＴＡＳさん、まるむしさん、横道のように人間について「ガンダムから学んだ」派と、ヨシさんのように「クリスティから学んだ派」が確認できた。インタビューをやる前には予想もできなかったことだ。

マコトB　ぼくが小学生のときに『ノルウェイの森』が社会現象になったけど、子どもだったので、セックス描写が気持ち悪いと感じたよ。婚前交渉を否定するカルト宗教の教義も影響していたと思うけど。村上春樹の魅力に開眼するのは、ずっとあとになってからだった。

マコトA　他方、ヨシさんと同じくつげ義春にはどっぷりハマったねえ。中学時代に『ねじ式』に出会って、横道にとってもこれは大きかった。ガロ系の世界がどんどん眼の前に開けていった。

マコトB　高校時代、ガロ系の作家は貪るように読んで、ぼくもヨシさんが挙げている作家はそれぞれ好きだったけど、大学生になってから安部慎一という作家にとくに惹かれるようになった。それも全盛期の作品ではなくて、新興宗教に入信したり、統合失調症を発症したりしたあとに描いた、無惨な印象のマンガ作品群。『迫真の美を求めて――安部慎一混沌作品集』や『僕はサラ金の星です!』（ともに青林工藝舎）に収録されていて、のめりこんだ。話の内容は荒唐無稽だし、人物の造形も風景の描写も完全に壊れていて、なにより物語の展開がギクシャクしていて、いかにも病んでいて、それが素晴らしかった。ヨシさんが読んでくれたら、感想を聞いてみたいな。

マコトA 高校時代の横道にとって、数学に対する苦手意識はとてつもないものだったので、この科目を諦める代わりに、英語は少しでもできるようになろうと、がんばった気がする。でも、なかなか成績があがらなかったよね。学校でディズニーアニメの『アラジン』を観せてくれたことがあったけど、観慣れた日本のリミテッドアニメと違って、グネグネと動きまくるので、横道は「気持ち悪いな」と感じてしまったみたい。自閉スペクトラム症らしい頑固さが関係しているかも。

マコトA 英語ができないのにアメリカ映画を中心にたくさん洋画を観ていたヨシさんは、同じく英語が不得意なのに外国文学を専攻しようと決意した横道に、その点でも似てるかもしれないね。横道が映画を熱心に観たのは大学院時代だったから、その年頃の生意気なインテリ若造には、ハリウッド映画では飽きたりないと感じられたみたいだけどね。セルゲイ・パラジャーノフとか、ペドロ・アルモドバルとか、ルネ・ラルーとか、ジャン=リュック・ゴダールとか、ビクトル・エリセとかが推しだった。

マコトB でも横道もだんだん無理しなくなって、スタンダードなアメリカ映画や日本映画も観るようになっていったよね。一時期、岩井俊二の作品もよく観ていたはず。

マコトA 横道はノンポリ的で、なかなか政治に興味を持てる若者ではなかったね。子ども頃に、日本の伝統に近づくのが嫌だったということをさっき話題にしたけど、日本の歴史が好きになって、政治史に興味を持つようになっても、日本の現代政治は敬遠していた。

マコトB 「ロマン」を感じにくかったからじゃないかな。横道はロマンチストだから。でも大学院生の頃から、ようやく政治の大切さがわかるようになっていった。

マコトA 現代政治の派閥間の力学に興味を持って、それを卒論の対象にしたというヨシさんは、横道よりずっと現実感覚の強い大学生だったろうね。大学生時代の横道は、子どもの頃の虐待の体験を背景として、いつも解離を感じるようになっていた。それで当時は神秘主義の考察に多大な情熱を燃やしていたんだ。それが世の中でいちばん大きな謎だと思っていたってさ。

マコトB そんな浮世離れした若者だったから、アルバイトをしていても、なかなか実務的になれない。大失敗はなかったけど、こまかなしくじりの積み重ねで、どんどん自尊心が削られていった。それで一九歳でひとり暮らしを始めて、すぐに飲酒癖に溺れるようになった。それから四半世紀が経ったけど、横道の「休肝日」は飲酒開始以降、通算で三〇日にも満たないみたい。

マコトA サブカル好きだった横道も、大学院生の頃は『ファウスト』『メフィスト』周辺が賑わっているのは把握していたよ。興味を持ってたけど、専門が外国文学で、文学や哲学の古典など専門に関係する本を読んでいくことに多大な時間を費やしていたので、ついにミステリー系にのめりこむ時間は作れなかった。中学・高校のときにブームが起きていて、もっと若いときに接していたら、また違っていたと思うけど。

マコトB 出会いのタイミングの問題って、大きいよね。

マコトA 現代で進行している事柄を等閑視（とうかんし）しながら、過去の海外文化について考えてばかり、という大学院時代の横道の日々は、徐々に胸苦しいものになっていったって。2ちゃんねるやmixiを見ながら、同時代の日本で流行していることについて情報収集するようになって、そういうものも研究対象の外縁と考えるようになっていった。いまでも横道はそう考えているらしい。

マコトB 横道の恋愛については過去にいろんな本で書かれているので——とくに『ひとつにならない——発達障害者がセックスについて語ること』（イースト・プレス、二〇二三年）が代表的——、ここでは省略しておこう。

マコトA ぼくはLGBTQ＋のための自助グループもやっているけど、いつもヨシさんみたいなアセクシャルの人たちをうらやましく思ってしまう。もちろん、いろんな苦労を聞いてはいるけどね。恋愛や性愛に興味がないのに、そういう欲望はあって当たり前とする世の中で、いかに生きづらく感じているかとか。でもぼくは、恋愛感情や性欲に振りまわされてきたので、そういうのが初めからないという心のありように、憧れてならない。

マコトB うん。自閉スペクトラム症みたいに「心がない」のではと疑われる人たちが、恋愛欲や性欲に関しては、人並みに苦しんでいるというのは、造物主の設計ミスだと思うな。そう思いつつも、造物主なんて実際には存在しないと思ってるけど。

マコトA ぼくも最近になって投資に興味が湧いてきたので、ヨシさんのように若い頃から投資に親しんできた人のことは眩しく感じる。

マコトB ヨシさんは塾の講師や家庭教師を生業としてきたこと、対人関係で揉め事をよく起こしたことを語ってくれたね。横道は大学院を出たあと、大学教員として働いてきたけど、対人関係は同様にうまくいかなかった。発達障害の診断を受けてから、いろんな事情がわかり、だいぶ改善したね。

マコトA ぼくも一度くらい韓国に住んでみたいな。二〇代の後半、ぼくはよく海外旅行に行っていて、格安チケットを利用して、短期間のうちにたくさんの国を訪れた。

『イスタンブールで青に溺れる』にたくさん書いたけどさ。韓国に行ったときは、反日感情のことを知っていたので、いざ行くまでに時間を要してしまった。

マコトB 台湾も一度だけ行ったことがあるよ。とても住みやすそうな印象だった。三〇代になって、海外に対する関心が急速に小さくなっていって、中国語の勉強も中途半端になってしまったことは、いまでも残念に思ってる。

マコトA 外国では「別枠」として扱われるという話。ぼくもドイツやオーストリアに住んでいて、同じように感じた。そうして生きやすくなる。日本にいると、むりやりに「同類じゃないか」と巻きこまれるから、生きづらさが高まってしまうんだよね。

マコトB ぼくは海外に行くと、よく日本のマンガなんかを買って、外国語で楽しんでいたよ。外国語の勉強にもなるし、楽しいなと思っていた。もちろん割高なのだけど、良い体験をしたと思ってるんだ。

マコトA 三〇代の後半、横道は両親とホテルのレストランで食事をすることがあって、そこでの会話の内容から、両親と縁を切ることにしたんだって。交わされた会話について書くのは難しいけど、両親と連絡を取らなくなったことは、いまでも原則として後悔していないみたいだ。

マコトB　横道が大学院生の頃、「アスペ」とか「ＫＹ」とかの言葉がにわかに流行したね。「アスペ」はかつて広汎性発達障害のサブタイプとして設定されていた「アスペルガー症候群」のこと、「ＫＹ」は「空気が読めない」の略語で、アスペルガー症候群の特徴と言われたもの。知的なレベルで問題がないはずなのに、なぜか健常者と違って「空気」を読めない「困った人々」。

マコトA　どうしてそういう言葉が流行したのかぼくは知らなかったんだけど、いまから時系列を頭で整理してみると、発達障害者支援法が施行されたという出来事を背景としてるんだね（二〇〇五年）。あの頃は、それがじぶんに関係のある問題だとは、まるで気づかなかったなあ。

マコトB　ところでさ、ヨシさんにインタビューしていて意外だったのは、ふだんヨシさんが話題にしているような超マニアックな作品名・作家名が出なかったことだね。

マコトA　短時間で整理して話そうとすると、どうしても、「ある方向性を代表するような作品・作家」を挙げることになるんだろうね。ふだんのヨシさんは、このインタビューが与える印象よりも、はるかに濃厚な趣味の人だよね。

マコトB　自助グループの魅力に対するヨシさんの見解に共鳴しちゃうな。とんでもないような話がつぎからつぎに出てくるので、奇想天外な時空が展開する。ぼくは国内ものでも海外ものでも、いわゆる奇想文学が大好きなんだけど、自助グループって、まさにそういう奇想文学的な言語空間が出現する場所なのだね。だから、文学研究者のぼくが自助グループの普及に力を入れていると、「どうしてそんな活動を?」って不思議がられることも多いんだけど、ぼくにとっては完全に「つながっている」領域同士なんだよ。

マコトA ある意味ではどんな文学よりも文学的な世界が、自助グループに存在していると言えるからね。

マコトB 横道も小説やマンガ、映画をたくさん鑑賞して、人の心のメカニズムはよく理解できているつもりだそうだけど、実際の対人関係ではうまくいかないことだらけ。現実世界というテクストは、虚構のテクスト以上に明示的なものではないからね。でも自助グループだと、困りごとを言語化していくわけだから、その点でもとてもありがたいと言える。

第5章

ぽん子さん

インタビュー

私は三〇代前半です。大阪府で生まれて、だいたいは大阪に住んできました。二七歳のときに自閉スペクトラム症を診断されました。父は自閉スペクトラム症っぽい感じがしなくもないかな。じぶんの趣味とか好きなものがあったら、のめりこむ。でも診断を受けるほどではないと思います。

最初は保育園、そのあと幼稚園に通いました。基本的にひとりでいるのが好きな子どもでしたね。友だちと遊びたいっていう気持ちがなかったです。トンネルみたいな遊具にひとりでこもっていました。砂場でひとり砂山をひたすら作っていく。積み木をひたすら積みあげる。ごっこ遊びをした記憶がないんです。そういうあたりに特性が出ていたかなって思います。友だちと関わろうとしなかったから、先生に心配されて、諭されてしまったんですが、それがプレッシャーになって幼稚園に行けなくなっちゃいました。

その頃好きだったのは、『セーラームーン』です。世代ど真ん中なんです。『セーラームーン』の人形で、家でひとり遊びをしていました。主人公のうさぎちゃんが好きでした。テーブルの下を神殿みたいなものに見立てて、じぶんの世界を作って、そのなかで楽しんでいた感じです。あとはジブリアニメも好きでした。とくに『となりのトトロ』。流行していたし、繰りかえし観てもいました。やはり自然の背景がきれいなところですね。あとサツキとメイの家がすてきなので、じぶんも住んでみたいなと思ったり。話がどうこうというのは、正直理解していなかった気がします。

小学生のときは、国語が得意でした。もともと本を読むのが好きで、まわりの子が知らない難しい言葉をやたら知ろうとしました。授業で褒めてもらえて、うれしかったのを覚えていますね。学級文庫を片っ端から読んでいった感じです。覚えているのは、灰谷健次郎さんの『兎の眼』。内容はよくわからないけど、印象的な場面が記憶に残りました。主人公の男の子が、他人に心を開かないんですけど、なんでこんなことをするんだろうって考えてました。やたら難しい本を読もうとして、当時人気だった『ソフィーの世界』、母親が読んでいたのを横から読ませてもらって。哲学的な内容はわからないんですけど、お話だけを追って、シーンの一部を理解するだけでも楽しかったです。

工作、ものを作るのがとても好きで、スーツとかパリッとした服を買うと、紙が入っているじゃないですか。あれを集めて、ちっちゃい宝箱を作ってました。箱という存在が好きで、蓋を開けてなにか入れられるのがおもしろいなって。折り紙でも蓋がある箱を作る方法があるので、それを作っていました。あとは折り紙の本を見ながら、載っている作例を全部作る、網羅していくのが楽しかったです。スーツの紙でビジネスバッグみたいなものを作って、お父さんにプレゼントしたこともありました。

小学生のときは、勉強は全般的に好きなほうでしたね。偏りはありませんでしたが、どちらかというと文系科目が好きでした。小一から小三まで英語の習い事もしていました。器用さが求められる図工、音楽、家庭科も得意。体育だけダメで、不得意だったと記憶しています。運動会の徒競走なんかでも、つねにビリっていうくらいで、発達性協調運動症があったと思います。あと、私一〇歳のときに若年性特発性関節炎（関節リウマチ）を発症して、高校を卒業するまで体育の授業にほとんど出られなくなったんですよね。小一から水泳もやってたんですが、小三のときに英語と一緒にやめることになりました。

それから同じ小三のとき、いつも仲良くしている女の子のグループがあったんですけど、私の言動のせいか、ちょっとずつ仲間外れにされちゃうようになったんですよね。ランドセルを引っぱられて壊されたり、ものを勝手に捨てられたり、冗談なのかなんなのか、わかんないんですけど、足を蹴られたりとか。そういうのもあって、学校に行くのがしんどくなっちゃって、そのうち不登校になりました。

そういうこともあって、その時期はゲームに夢中になりました。『ポケモン』の最初の『赤（レッド）』とか『緑（グリーン）』とかが出た時代。学校の人間関係がうまくいかないぶん、すごいハマってましたね。友だちができない、いじめられてっていうのがあったから、そのぶんのめりこんだんだと思います。同じソフトでも七回、八回ってやって。家族で遊びに行ってもゲームばかりしていて怒られたりとか。ゲームの電源を切っても、ゲームをしてるごっこをして、モニターに何も映ってないのに、ボタンを押して、安心したり。なかばゲーム依存症みたいになってたなって思います。

関節リウマチになって、一学期まるまる入院して、そしたら入院生活が楽しかったんですよ。小児科の大部屋に入って、いろんな年代の子どもと触れあうことができて。それでコミュニケーションの自信を取りもどせたかなって。母から、手の運動になるからって編み物を教えられて、「編みぐるみ」の本を見ながら、ウサギちゃん、ネコちゃん、クマちゃんなどを作りました。あとは『ポケモン』のピカチュウとかミュウとかを作って、同じ部屋の子にプレゼントして。学校には二学期から戻ったんですけど、学校から離れていたあいだに、人間関係がある程度リセットされたみたいで、入院前よりは楽になりました。それでもつらいのはつらかったですけど。

女の子って小学五年生くらいから急におとなびてくるんですよね。女の子独特の本音と建前の使いわけをやるようになったりして。それに私はついていけないっていうか。ひとりでいることが増えました。高学年になると、いじめられることはなくなったけど、クラスで完全に孤立してましたね。

その頃もあいかわらず学級文庫をひたすら読んでるような子どもでした。いちばん好きだったレーベルが「青い鳥文庫」。「名探偵夢水清志郎事件ノート」シリーズ（はやみねかおる）が大好きでした。ほかには「パソコン通信探偵団事件ノート」シリーズ（松原秀行）、『霧のむこうのふしぎな町』（柏葉幸子）、『二分間の冒険』（岡田淳）、『ムーミン谷の彗星』（トーベ・ヤンソン）。好きな作品の傾向は、いわゆる女の子向けよりは、男の子向けの作品だったと思います。冒険して敵を倒しにいく。少女マンガでは『なかよし』を毎月買ってましたが、

『カードキャプターさくら』（CLAMP）が好きで、やっぱりバトル系。友だちが好きな少女マンガは、恋愛とか女の子同士の友情とかに共感するのが難しいと感じました。そのうち兄が少女マンガを好きになって、私が『なかよし』を兄に貸して、兄のほうが私より少女マンガにハマっていた気がします。

中学は公立です。好きな科目は英語、それから国語も。英単語を暗記するのが楽しかったですね。小学生のとき漢字にハマったのと同じです。理科と数学が苦手になりました。美術はその頃から楽しいかなと思うようになりました。音楽は得意で、家庭科も得意。体育はダメなまま。

クラスではまた孤立して、男の子にからかわれました。近くに来て、ニヤニヤされたりとか。私が本を読む動作を真似されたりとか。黒板に「ぽん子ロボット」って書かれて、消

しに行ったら、「ああ、ロボットが動いた」ってからかわれました。それで中二になって、いじめられないようにするための仲間を作ろうと思って、じぶんのつぎくらいにおとなしい子に話しかけに行って、一緒に教室を移動するようになりました。でもその子からも叩かれたりとかして、いじめられるようになったんです。

アニメを観たりマンガを読んだりするのが前よりも好きになって、いろんなキャラの模写をしました。中二のときに衛星放送でやっていた『エヴァンゲリオン』にハマって。主人公のシンジくんたちも中二だっていうこともあって、リアル中二病の状態ですね。ノートの端っこに綾波レイをよく描きました。シンジくんの孤立した感じも好きで。ロボットのメリハリの利いたアクションもかっこよかったし、アニメをプロみたいに描けるようになりたいなって思って真似ていました。

あと、『エヴァ』って物語の考察をする人が多いじゃないですか。映画版の最後で、シンジくんがアスカの首を絞める。で、アスカが「気持ち悪い」って言って終わる。どうして首を絞めたんだろう、「気持ち悪い」ってなに？　って不思議で、考察サイトを見てまわってましたね。物語とか登場人物の心情を読みとくっていうのを初めてやったんです。それが現実の人の心を理解していく力につながったのかなって思います。テレビ版だと、シンジくんが電車のなかでじぶんの心のなかに潜って、自問自答する場面がありましたよね。あれには共感できるものがありました。でも最終回で、「僕はここにいてもいいんだ!」って思えて終わるのが、わからなくて。内面的な論理が気になりました。どうやったら私もそうなれるんだろうってうらやましくて。

アニメだと、ほかに『ガンダムSEED』も好きで、キラ・ヤマト派でした。ひとりでいるとき、絵を描きはじめたのは、じぶんのなかで大きかったなっていうのがあって。それまでじぶんの意志でなにかにすごくハマるってことがなかったんですけど、じぶんはアニメが好きなんだ、オタクなんだ、このアイデンティティをきわめたいっていう思いが湧いてきたんです。ですから読書に対する興味は弱くなってしまいました。部活は家庭科部です。細かな作業が得意中の得意というか。お裁縫とかも好きでしたね。

高校は家からまあまあ近い公立高校。偏差値は中堅くらいのところだったと思います。とにかく美術が好きでした。将来的に絵を描いたり、ものを作ったりする仕事につけたらいいなって、ぼんやり意識しはじめたんで。英語も引きつづき好きでした。国語は得意科目だったけど、もう特別好きってわけでもなかったです。あいかわらず数学は苦手で、理科は物理と化学は苦手、生物は好きでしたね。ちょっとずつ体調がよくなってきて、水泳なんかはときどき参加してました。あと、私はストレスが多い生活だからか、幼稚園の頃から肥満児だったんですけど、一七歳くらいから急に痩せていきました。特に運動したわけではないのに、どうしてなのか不思議です。

クラスメイトとの関係は、小中よりやりやすかったなって思います。おとなしいグループに所属して、まわりの人の振るまいを学習して、なんとかやっていく。あの年頃って、グループ間でもぜんぜん交流がなくなるじゃないですか。だからやりやすくなったかなって思います。でも、おとなしいグループにいても、「じぶん変わってるのかな」って思うことは多かったです。

生徒がケータイを持つようになったのがその頃なんですけど、私はしばらく持ってなかったんです。私がパソコン、相手がケータイでメールアドレス交換をして、私が「ありがとう!!♡♡♡♡」みたいなテンションのメールを送って、相手に「引かれた」ことがあります。その頃から「みんなと一緒にならないといけない」「普通にならないといけない」って過剰適応する気持ちが強くなって。女の子がやたらテンション高く「わあ、ありがとう♡」って声をうわずらせて喜ぶ感じを習得しようとしていました。ほんとうはそんなかわいしたノリが好きじゃないんですけど、そういうふうにならなくてはって強迫観念があって。

でも、「ぽん子さんと喋ってても、心が通じあってる気がしないんだよ！」って友だちが話しているのを聞いてしまったことがあって、「やっぱり私はそうなんだな」って思いました。ちゃんとしゃべらなきゃって意識が強いから、「毎日お昼ご飯のときに、一回は発言するぞっ」ていうノルマをじぶんに課していたのを覚えています。

基本的にまわりのことを考えて動くのが苦手で、文化祭のときはポスターに「こんな催しをやりますよ」っていう内容を描く仕事があったんです。ペンキの買いだしを任されたんですけど、予算を考えずに高いのを買ってしまって、徴収する金額を増やしてしまいました。こだわりもあったと思いますし、あとは状況の読めなさだったりですね。

部活は美術部でした。アクリル絵の具でA0とかB0とかの大きなサイズの紙に描きました。サイバーパンクが好きで、『AKIRA』とか『攻殻機動隊』の絵を描いたりしていました。あとはアルフォンス・ミュシャの模写。男の人よりは、きれいな女性の絵を描くのが好きでしたね。体のラインの美しさ、衣装の美しさ。趣味の合う友だちがけっこうできて、楽しかったです。絵を描く人って変わってる人が多いんで、やりやすかったなって。相手が好きなキャラの絵を描いて、交換したり、イラスト付きの年賀状を送りあったり。クラスでも垂れ幕なんかに絵を描けるから、みんなの役に立てる。美術をつうじて、いろんな人とつながれたっていうのがあります。

美大に行きたかったけど、自信がなくて。まわりで美大をめざしていたのは、高校生の展覧会で賞をとったり、美大に入るための予備校に通っていたりとかの子。それで挫折しちゃったところがあるんです。結局、私立大学の英文学科に進学しました。大学の雰囲気になじめないなっていうのがありました。英文学科って、海外に関わる仕事をしたいっていう、明るい女の子が多いんですよ。だから、そこの大学の美術部で絵を描いていましたね。描く内容は高校のときと同じような感じでした。

それから大学時代はSF小説が好きで。いちばん好きなのは、グレッグ・イーガンの『しあわせの理由』。じぶんの脳内物質をじぶんの意志でコントロールできるようになった主人公が出てきて、でも必ずしも幸せになれるわけじゃないんです。それが胸に迫ってきて。でも、全体的にはユートピアもの/ディストピアものが好きでした。オルダス・ハックスリーの『すばらしい新世界』とか、いろいろ読みましたね。あとはレイ・ブラッドベリ。マイク・レズニックの『キリンヤガ』もよく覚えてます。アフリカの昔ながらの部族が出てくるんですけど、内容はSF。そういうふうに、スペースオペラとかよりは社会学っぽい内容のSFが好きでした。思考実験がおもしろくって。かりにこういう世界があったら、人はどういうふうに動くかなって、想像するとわくわくして。押井守のアニメもいろいろ観ました。『イノセンス』とか、『スカイ・クロラ』とか、『ビューティフル・ドリーマー』とか。

二年生になってしばらくして休学して、美大に編入したいと思って、一から受けなおすか、三年次に編入するか、半年くらい悩んで。でも途中で進路を変えるのがすごく怖くて、もとの大学に戻ることにしました。それからは、個人で手芸作品を作りつつ、雑貨屋さんに委託販売して、鬱憤を晴らそうとしました。作ったものはちゃんと売れて、すごくうれしかったです。じぶんの作ったものを人が買ってくれることに、やりがいというか生きがいを感じました。

英語は好きなままだったので、一年くらい勉強して、英検は一級を取りました。TOEICもそれなりの成績。あとは第二外国語が中国語だったので、それも検定を受けたり、資格の取得をがんばりました。海外旅行によく行きました。ドイツのハイデルベルクに一ヶ月、そこを基点としてチェコ、オランダ、フランス、スペイン。英語圏は意外と行かなかったですね。アジアだと台湾、シンガポール、一ヶ月の短期留学で中国の上海。いろんな国に行って、いろんな文化を知るのが楽しかったです。卒業論文はジョージ・オーウェルの『1984年』。ディストピアものですね。

アルバイトもやったんですけど、飲食とかはじぶんの能力では厳しいだろうなっていう思いがあって。一日だけのバイトで試験監督とかをやりました。あと外国人と交流したいということがあったので、留学生対応の受付などをやったりしました。でもまったく仕事が覚えられなかったんですよ。いま思えば、はっきり発達特性が出てたんですけど。毎回どう対応したら良いのかわからなくて、職員さんに尋ねてばかり。道具を置いてある場所も覚えられない、相談される内容が少しでも異なっていると、対応しきれない。職員さんから「あなた四回生ですよね？　来年から社会人ですよね？」なんて言われて。でもアルバイトは、もっといろんな種類を経験しても良かったかなって思います。そしたら、じぶんの向き不向きの特性がもっとわかったかなって。

大学くらいから、ようやく恋愛に興味を持てるようになりました。美術部に気になる人がいて、SFが好きということで、趣味が合っていました。それで仲良くなりたいなって思って、その人が部室から帰るときにバッタリ出会ったふりをして、話しかけてもらおうとしたけど、無視されたりして、うまくいきませんでした。それで一緒に映画を観に行こうって思って、すごく勇気を出して誘ったんです。その人も『攻殻機動隊』が好きだったんで、『ARISE』っていう映画シリーズを選んで。でも、道中、まったく話が盛りあがらなかったんです。映画を観終わったら、すぐに解散。「ああ、うまくいかなかったな」って悲しかった記憶があります。

就活では語学を活かしたいというのがあったので、なにかしら英語に関われる職種の面接を受けていて、四〇社くらいでしょうか。四回生の八月くらいに決まりました。中規模の会社の海外営業担当。いま思うとぜんぜん向いてないって思うんですけど、資格試験をがんばれたから、仕事もなんとかなるだろうって考えて。

でも入社したら、やっぱり仕事がまったくできなくて、半年くらいで製造の部署に回されました。中国地方の山のなか。一年で退社したんですが、仲の悪かった上司から、イヤミで「そういうところに飛ばした時点で、ほぼ辞めさせたかったんだよ」って言われました。飛ばされているあいだに、初めて付きあった人がいました。おっとりした感じ。社内恋愛です。でも半年くらいでダメになってしまったんです。

やっぱり美術関係で働きたいなっていうのがあって、大阪に戻ってから、夜間のデザインの専門学校に通いました。二年通って、京都のデザイン会社に就職しました。そこには約四年いました。でもじぶんの望みどおりの職種についたのに、またつまずいて。それでちょうど中二のときに聞いたことがある「アスペルガー症候群」を思いだしました。じぶんの特徴に当てはまるけど、似てるけど別物かなって思ってたんです。でもXで発達障害のインフルエンサーの投稿を偶然見て、「あっ、困り事がじぶんとまったく同じだな」って思いました。その人が私の住んでいる地域に講演に来たことがあったので、話を聞きに行って、じぶんが発達障害者だっていうのは確信に変わりました。

精神状態が限界に来ていたので、発達障害の検査ができる精神科のクリニックを探して、受診しました。でもそこでは、「うん、傾向がありますね、発達障害かもね」くらいで帰されました。特性があることはわかったので、自助会に参加するようになりました。そのあと別の仕事ができるデザイン会社に移ろうって思って、もっとちゃんと発達障害の診断をしてもらえそうなところに転院しました。それで診断を受けて、障害者手帳を取得して、いまの会社に障害者雇用で就職しました。いまは三年前から付きあっているパートナーと同居しています。相手も自閉スペクトラム症ではないですが、発達障害のある人です。

社会人になったあと、趣味は体を動かす方向に行ったんですよ。大学まではじぶんの好きなことを深めたいって思ってたんですけど、社会人になると日々のストレスがすごくて、それどころじゃなくなりました。どうやって解消していこうかって思って。本を読むとかよりかは、めちゃくちゃに体を動かして、寝る。ランニングをたくさんやって、ロードバイクもです。京都から富山まで走る、京都から伊勢神宮まで走る、京都から電車と自転車を併用して東京まで行く。淡路島を一周するとか。読書もアニメも遠くなってしまいました。絵を描くのも趣味ではなくて、仕事になりました。

読書、アニメ、絵を描くこと、海外旅行、ロードバイクと趣味が変わってきましたけど、じぶんのいる世界とは違う場所に行きたいなっていう思いが強かったと思います。自分がいまいる世界から逃げたいっていう。ここではないどこか。「こうしなさい」とか「こうあるべき」だという圧力がない世界。それぞれの人がじぶんらしく、自由にのびのびとやっていける世界だったら、やりやすいのかなって思います。

コメント

マコトA ぽん子さんは横道より一〇歳くらい年下の人だね。横道と同じく大阪の出身。暮らしてきた地域も似ている。知りあったきっかけは、関西の発達界隈の仲間と楽しんだ釣りやバーベキューの機会。話していると、自閉スペクトラム症の特性がとても強いと感じ、おもしろかったので、インタビューを申しこんだとのこと。

マコトB ぽん子さんもひとり遊び大好きな子だったんだね。地球人類は九割以上が定型発達者だから、ひとり遊びを好む自閉スペクトラム症児が浮いて目立ってしまうけれども、もし自閉スペクトラム症者が九割以上の世界があったら、ひとり遊びが不得意な一割以下の子どもたち（私たちの世界で言う「定型発達児」）が発達障害を診断されることになるだろうね。

マコトA うん。数が多いか少ないかで、正常か異常かが決まってくるからね。そのことはもっと議論されても良いよね。

マコトB 『美少女戦士セーラームーン』は衝撃的だった。一時代を築いたけど、もちろん放映が始まった頃はヒットするかどうかわからなかった。原作もアニメも始まったのは一九九二年。アニメを一目観た瞬間、当時の誰もが石ノ森章太郎原作の特撮ドラマ『美少女仮面ポワトリン』（一九九〇年）と、その頃すでに一〇年以上の歴史があった「スーパー戦隊シリーズ」を混ぜあわせて、かつ女児向けアニメに仕立てた作品なんだなって、気づいたよね。

マコトA うん、だから『セーラームーン』って当初は「まがいもの的」あるいは「B級的」なイメージだった。ぼくはむしろB級好きだったので、のめりこんだけど。『セーラームーン』の二番煎じ的な印象もあったけど『魔法騎士（マジックナイト）レイアース』や『愛天使伝説ウェディングピーチ』は喜んで観てたね。

マコトA 『トトロ』も横道は熱烈に好きで、一メートル以上の巨大なぬいぐるみを所有しているよ。

マコトB 『兎の眼』。ぼくは出会い方が悪かった。小学生のとき、いかにも古風で教育熱心な担任に勧められた。作品の内容も古い印象があって、「嫌いだ」と思ってしまった。もしかしたらそんなぼくだったからこそ、その担任の先生は勧めてくれたのかもしれないけど。

マコトA　『ソフィーの世界』は高校生の頃にハマって、あれで哲学への関心が芽吹いたね。大学院生の頃は熱心に哲学を学んだけど、その原点は『ソフィーの世界』。

マコトB　横道も工作にとても興味があったんだけど、もう話題にしたように、とにかく不器用だった。夏休みの宿題として、いろんな工作物を八割くらい父に作ってもらっていた。電気工事の技師として働く父は手先がとても器用だった。横道はごくかんたんな部分を担当して、最後に色を塗るくらいだったんじゃないかな。

マコトA　もちろん、しばらくすると、そんなやり方は虚しくなってしまって、自由研究で工作関係をやることからは、手を引いてしまったんだよね。今回の一連のインタビューで、工作好きの自閉スペクトラム症に何人も出会ったので、みなさんは横道の「上位互換」という感じがして、不思議な気分。

マコトB　だから、自閉スペクトラム症に併発することが多い発達性協調運動症の多様性もおもしろいなって思う。横道は手先の不器用さも全身の体さばきの不器用さもある。前者が微細運動の障害、後者が粗大運動の障害。ぽん子さんの場合は微細運動はむしろ優れていたのに、粗大運動は横道と同じで芳(かんば)しくなかったわけだね。

マコトA さらには、発達障害とは別の問題も絡まってきて、それが当事者の生きづらさを高める事例は非常に多い。横道には斜視や腰痛があるし、ぽん子さんには関節リウマチがある。そういうのと発達障害が絡まって、生活の質がぐんぐん低下してしまう。

マコトB 発達障害の子どもが嫌がらせや仲間はずれにあうことはとても多いと思うし、ぽん子さんもそれを経験したという話。横道にもそういう経験は豊富にあります。でも横道の場合、不登校を選ぶ余地はなかったんだ。カルト宗教の教義にもとづいて、母が肉体的暴力を振るってくるので、家のほうが危険だった。それで学校にはイヤイヤ通って、途中でよく授業をぬけだして街を放浪していた。

マコトA 横道の小学生時代にはファミコンが大ブームだったので、それらを夢中になってやったもんだね。母は否定的だったけど、父が職業柄もあって新しいもの好きなので、新しいゲームをよく仕入れてきてくれた。へたくそなりに、いろんなゲームをやった。『スーパーマリオブラザーズ』『アイスクライマー』『燃えろ!!プロ野球』『忍者ハットリくん』『スーパースターフォース　時空暦の秘密』などなど。

マコトB フェリーに乗って瀬戸内海で家族旅行をしたときには、ゲームコーナーの『テトリス』に夢中になってしまい、「マコトが行方不明だ」と家族が大騒ぎになったね。あのときはいつも以上に厳しく叱られてしまったなあ。

マコトA　横道は小学三年生のとき、鼠蹊(そけい)ヘルニアで入院した。で、そのとき病院の廊下の本棚にあった『ブラック・ジャック』を読んで、なまなましい手術の描写がとても怖かった。そのイメージに悩まされて、手術中は泣きじゃくってしまった。ほんとに泣き虫な子どもだったよ。

マコトB　でもそのあとの病室での生活は楽しかったんだ。いろんな人がいろんな差し入れをしてくれて、王子様気分になった。父は完全におじさん向けのマンガ雑誌をおみやげにくれたんだけど（明らかに、じぶんが読了済みのものだったはず）、暴力やセックスの表現が明け透けで、恐ろしかった。叔父はガンプラを持ってきてくれたのは良いとして、どう考えてもチビッ子には不人気な『Zガンダム』の「ディジェ」（前作『ガンダム』で主人公を務めたアムロの搭乗機になり、「アムロをあんな機体に乗せるなんて」と物議を醸したことで有名）！

マコトA　横道は男の子だったから、小学校の高学年になって、急速におとなびていく女子たちに驚いてばかりだった。横道はまわりの男子に比べても、子どもっぽかった。だから今回、ぽん子さんから思春期の女子の世界で、自閉スペクトラム症の女の子がどうやって取りのこされていくかを聞いて、横道も女子だったら同じような目に遭っていたんだろうな、と思ったよ。

マコトB 横道も「青い鳥文庫」がとても好きだった。それはこのレーベルの水色というイメージカラーが、ぼくの趣味にぴったりだったことも大きい。横道が小学生だった頃は、はやみねかおるが活躍しだす直前の時代にあたる。大学教員として就職してから、教え子たちに好きな本を尋ねると、よくこの作家の名前が出てきたので、それで意識するようになった。

マコトA 「青い鳥文庫」では、とくに『ムーミン谷の彗星』を初めとした「ムーミン」シリーズに夢中になった。『ムーミン谷の仲間たち』に収められた短編「世界でいちばんさいごのりゅう」がいちばんのお気に入り。小学六年生のとき、この短編を最初から最後まで挿絵も含めてすべてノートに筆写して、夏休みの宿題として提出したことを覚えてる。

マコトB ぽん子さんが男の子っぽい趣味だったのと同様に、横道にも女の子っぽい趣味があって、アニメではよく魔法少女ものを観ては、うっとりしていた。女の子向けの作品のほうが、男の子向けの作品より華やかでカラフルな傾向にあるからかもしれない。色彩に対するこだわりは、現在に至るまで、ずっと強いままだ。

マコトA 横道も小学生のとき、難しい漢字を覚えるのが好きで、クラスの「漢字博士」のような存在だったけど、中学ではそれだけに英語でつまずいた。国語教育で積みあげたアドバンテージが効かないからさ（笑）。一から英語を勉強する、それも標準的な日常会話を交えながら、という学習内容に対して頑強な反発を覚えたもんだよ。

マコトB 「ぽん子ロボット」っていいですね。横道にはADHDの多動があるので、貧乏ゆすりがいつも激しくて、「横道地震」なんて呼ばれたことがあります。前の席に座っていたクラスメイトが、「うわあ地震や！　と思いきや、また横道か」なんて授業中に叫んだりしていた。そんな感じで動きが独特だったので、横道も周囲と打ちとけられない場面が多かった。

マコトA 横道も高校生の頃、本放送で『エヴァンゲリオン』を観ていたけど、それをきっかけとして、とっくに諦めていたマンガ家になりたいという情熱が再燃したのを思いだす。アニメは集団制作だから、アニメーターになりたいとは思わなかった。ほかの人と協調してなにかを作りだすということが、横道にはとうてい無理に思えたんだ。でもマンガならひとりで描くことだってできる。

マコトB 『エヴァ』は貞本義行によるマンガ版もあるよね。そちらにはあまり感動しなかったんだけど、庵野秀明監督の個性がよく出たアニメ版のような作品を、マンガで表現することはできないかな、なんて悩んだりしてた。

マコトA　ははは。そんなことを考えた人って、プロにもアマにもたくさんいたよね。あの頃、マンガでもアニメでも、『エヴァ』っぽい要素が入った作品が激増した。「セカイ系」と呼ばれる作品が多く出て、作品のカラーは異色でも『名探偵コナン』の灰原哀みたいに、綾波レイっぽいキャラクターがいろんな作品に溢れかえった。実写のテレビドラマでも『踊る大捜査線』とか『ラブコンプレックス』とかは、エヴァっぽい香りがした。

マコトB　あの時代はぼくが一〇代後半から二〇歳になるかならないかの頃に重なっているから、とりわけ記憶に深く刻まれている。ぼくも高三・浪人時代にエヴァの考察をたくさんやって、それが大学に入ったあとの文学研究の勉強の助走になっていたなって思う。

マコトA　『ガンダム SEED』（二〇〇二～二〇〇三年）はスルーしたんだけど、『∀(ターンエー)ガンダム』（一九九九～二〇〇〇年）にはだいぶ夢中になったよ。主役メカの∀ガンダムにカイゼル髭みたいなのが生えていたり、「世界名作劇場」シリーズみたいな牧歌的なノリで、その∀ガンダムを使って川で洗濯をしたりとか、さすがに富野由悠季(とみのよしゆき)（初代『ガンダム』や『Zガンダム』『ZZ』の監督でもある）は一味ちがうなあ、と感心しきりだった。

マコトB　一時的にオタク度が弱まった時期はあるけど、横道は人生をつうじて典型的なオタク型の人間だ。それは自閉スペクトラム症の特性と深く関連しているはず。

マコトA　高校時代、横道は美術部に入ろうかと悩んだんだけど、中学時代に美術部でそんなに才能が開花したとは言えなかったので、早々に諦めることにした。美術というジャンルも教科もいつでも好きだったのに、成績評価は抜群というわけではなかった。だから横道は美術の世界に片思いをしてきた人間と言える。

マコトB　それで高校時代は美術部に入らず、新しく知りあった人々と「クイズ研究会」を作って、雑学の蓄積に励むことになったんだね。雑学も雑学で、あとあと役立つことも多かったんだけど、もっと根性を入れて美術をやっとけば良かったという悔いもある。『発達界隈通信——ぼくたちは障害と脳の多様性を生きてます』（教育評論社、二〇二一年）はジャケットも挿絵も横道が描いたものだけど、もっと魅力的なヘタウマアートを描けるようになりたかった。

マコトA　ぽん子さんは高校時代の人間関係がやりやすかったと語っていた。これはぼくもそうかな。最初の一年間はだいたいクイズ研究会の仲間といることが多かったけど、じきに部活内容に飽きてしまった。横道の雑学が充実して、ぼくだけが飛びぬけて強くなってしまったから。それで部活はやめて、放課後は中学のときから一緒だったふたりの友人とつるんで、図書室に寄って小説を借りたり、古本屋に行ってマンガを買ったりしていた。

マコトB　ぽん子さんの「へんなテンション」エピソードはよくわかるよ。自閉スペクトラム症のコミュ障ぶりって、たんに無口なだけではなくて、感情を表出しすぎて敬遠される事例も多い。定型発達者とフィーリングがかなり違うから、「どういうノリで対人関係を築いたらいいのか」が大きなテーマになり、挑戦しては失敗の繰りかえしになる。

マコトA　結局この大テーマに一定の解決を得られたのは、横道の場合だと、発達障害の診断を受けた四〇歳以降だね。じぶんの個性と発達障害の特性を分けて考えることができるようになったから、じぶんの個性との付きあい方にも見当がつくようになった。

マコトB　ぽん子さんが「心」の問題で悩んでいたというのは、よくわかるよ。ぼくも、二一世紀の初めに、「精神分裂病」という疾患名が「統合失調症」に変わった時期には、この精神疾患がよく話題になっていたので、じぶんもそうじゃないかと思ったり、もっとあとの時代に、サイコパスがよく話題になっていた時期にも、じぶんがそうじゃないかなと思ったりしていた。

マコトA　統合失調症もサイコパシー（精神病質）も自閉スペクトラム症とはかなり違うものなんだけど、「心のありようが非人間的」と見られがちという共通点がある。

マコトB　ぽん子さんの文化祭の失敗。取りかえしがつかないほどの大事件ではないはずだけど、かなり気まずい思いをして、記憶に焼きついてしまったんだろうね。ふだんからその種の失敗をあれこれとしていたけど、そのなかでもとくに思い出深いものになったのがこの一件という感じかな。ぼくも同じような「こだわり」のために、お金の無駄遣いをすることがよくあったよ。

マコトA　横道の場合は、ADHDの衝動性に由来する浪費癖も作用して、もっとひどかったかもしれない。

マコトB　さっき話題にしたように、横道は高校では美術部に入らなかったんだけど、友人のひとりでぼくの文章をおもしろがってくれる人のためだけに毎週エッセイを書いて、イラストをつけて渡していた。じぶんが関心を抱いていること、大切だと思っていることを一生懸命に書くんだけど、それを視覚的に表現できる画力はないので、添えるイラストは、文章とは無関係に、好きなアニメやマンガのキャラクターだった。

マコトA　ちょうど一九九五年頃、つまりインターネットが爆発的に普及しはじめる前後の時期だね。そういうアナログ技術のやりとりが廃（すた）れはじめる直前の時代だったとも言えるね。

マコトB　ぽん子さんが美大志望だったこと、その夢に挫折して英文学科に進学したんだということは知らなかった。

マコトA　横道は、第一の夢が小さい頃から研究者、第二の夢がマンガ家だった。じぶんの画力の低さに見切りをつけて、マンガ家になるのを諦めることは、本命の夢としての研究職に照準を完全に定めることを意味していた。

マコトB　横道は英語が苦手だったけど、入った学科では専門の授業の六割くらいが英米文学、一割くらいが英語学、三割くらいがドイツ文学という感じだった。英語もドイツ語も得意でなかったけど、「物語」が好きだから、その方面のプロになるんだと思って勉強に励んだんだ。

マコトA　大学浪人中にSF小説をたくさん読んで、横道にとってはアーサー・C・クラークの『幼年期の終り』、ダニエル・キイスの『アルジャーノンに花束を』、筒井康隆の「七瀬三部作」あたりがベスト3だったみたい。

マコトB　大学に入ったあとは古典的な西洋文学をたくさん読んで、横道もぽん子さんと同じくユートピアもの／ディストピアものに惹かれるようになっていった。ジョナサン・スウィフトの『ガリバー旅行記』、シャルル・フーリエの『愛の新世界』、オルダス・ハックスリーの『すばらしい新世界』、ジョージ・オーウェルの『1984年』、ヘルマン・ヘッセの『ガラス玉演戯』など。

マコトA　それで卒論はローベルト・ムージルというオーストリアの作家を選んだ。この人は神秘主義的体験を「別の状態」と呼んで、それをユートピア的新世界に参入する契機と考えていた人だ。ムージルに夢中になって、三年生の初め頃から、クラスメイトたちより一年以上も早くに卒論を書きはじめていた。

マコトB　そんな調子だったから、横道の場合には進路を変更しようという考えは湧きようもなかった。ただし学んでいる大学が小規模な地方公立大学だったので、大学院はもっと大きなところを選んで、国内トップレベルの教育を受けたいという願望というか野望があった。それで大学院入試の勉強にひたすら励んで、ぶじに志望先の大学院に入りこめた。あのときの達成感は、もちろん格別だった。

マコトA　横道はセンター試験（現在は「共通テスト」として再編）がとても苦手で、試験というものが非常に嫌だったので、大学の定期試験なんかは仕方がないとしても、語学の検定試験からいつも逃げまわるようになってしまった。だから横道は検定の資格をいっさい取得してないんだ。ドイツ語の教師だけど、ドイツ語に関するなんの資格も持っていない。これは自閉スペクトラム症の「こだわり」の特性、ある種の「頑固さ」も関係していそうだ。その「こだわり」の特性によって、検定資格を集めまくる「発達仲間」も多いんだけどね。

マコトB　アルバイトの苦労って、思いだしたくない失敗が多いんだけど、試験監督をやったときは、「それでは試験始め!」と叫んで、会場がざわついたことがあった。解答用紙を配りわすれていたんだね。

マコトA　コンビニで深夜バイトをしたときには、店長から店内の防犯ビデオ映像を見せられたことがあった。ぼくが店内の様子に注意を払わず、レジで目の前の作業に没頭していたので、高額な商品を万引きされてしまっていた。

マコトB　着ぐるみを着て場内整理のバイトをしたときには、ぼくの身長と着ぐるみのサイズが合っていなくて、どうやら首の辺りから顔がよく見えていたらしく、知り合いから「夢がない」と言われた。でもぼくは着ぐるみを身にまとうという非日常体験がうれしくて、ひとりで興奮して活発に動きまわって、周囲から「引かれて」しまったのを思いだすよ。

マコトA　大学時代はぼくも一気に恋愛欲に目ざめた。高校生までは経済的に自立できず、自由も制限されていたけど、大学生からはアルバイトもして、奨学金ももらうようになって、親元からも離れたから、世界が一気に広がった。

マコトB　でも対人関係の距離の詰め方なんかはわからなかったので、最初に恋愛感情を表明した相手には、ほとんど自爆テロを敢行するかのようだったね。以来、互いに気まずくなってしまった。

マコトA　最初に付きあった人とは、めぐりあわせが良かった。ぼくが二回生になって、サークル内でリーダーシップを取る立場になっていて、頼もしく見えたのだと思う。交際したあとは、「ぜんぜん頼もしくない。イメージと違った」って嘆かれたけどね。

マコトB　横道は就活をしなかったから、面接で記憶に残っているのは二回だけなんだそうだ。一度めは大学院入試のとき。眼の前にドイツ文学の教授ふたりと准教授ひとりが並んでいて、緊張した。二度めは日本学術振興会の特別研究員に採用されるための面接のとき。初めて東京に行ったので、ドキドキした。どちらも問題なく合格して良かった。

マコトA　博士課程を出るにあたって、経済状況が厳しくて、未来が暗いと思って暗澹(あんたん)たる思いだった。実家は破産してから数年めというあたり、両親が生活保護を受けはじめる少し前の時期。非常勤講師の依頼はわずかしか来なかった。単発的なアルバイトをいくつもやったね。

マコトB でも将来の足しになるかと思って、貯金を崩して海外旅行によく行ってたね。そういう生活が始まってから半年くらいで、母校の元指導教員から常勤講師として就職してほしいって依頼をもらった。あのときは、人生でいちばんくらい感激したよ。

マコトA でも問題だったのは、当時のぼくは博士論文を完成させる作業に行きづまっていたし、じぶんの専門分野（ドイツ文学）の将来にも悲観的だったこと。この分野の歴史を知ることで、新たな研究の可能性を探りたいと思って、それまで取りくんでいたムージル研究を放棄して、ドイツ文学という分野を築いた第一世代に属するグリム兄弟とその弟子たちに焦点を当てた研究を始めた。

マコトB それが博論になって完成したのは、それから一〇年以上もあとのことなんだよね。休職して、発達障害の診断を受けた数ヶ月後に、ようやく博論を仕上げることができた。自閉スペクトラム症に由来する「こだわり」の強さや、ADHDに由来する先延ばし癖が、何度も災いして、完成を遅らせた。

マコトA　ぽん子さんも、診断に至るまでには苦労したんだね。横道が診断を受けたときには睡眠障害がひどくて、希死念慮が非常に高まり、「いつ死ぬか、どう死ぬか」と切迫した気持ちになっていた。そういう差し迫った状況だから、発達障害の診断はすぐにおりた。

マコトB　でも当初はADHDのみ診断されたんだよね。ぼくは多弁で早口だから、それで自閉スペクトラム症的なコミュ障の印象を与えなかったのではないかと思う。病院での検査のあと、発達障害者支援センターに通って、そこで改めていろんな検査をしてもらって、その結果が主治医に送られて、自閉スペクトラム症のほうが中心という診断が改めて出され、そのときにはホッとしたよ。

マコトA　ぽん子さんも含めて、発達界隈の仲間と話していると、かつて読書家だった当事者であっても、就職後は忙しくて読書とは異なる趣味に軸足をずらした、という話をよく耳にするよね。発達障害者に限ったことではないと思うけれども。学生に本を読ませる仕事をしていて、じぶんでもたくさん本を書いているぼくとしては、正直に言って残念な話だよ。

マコトB　そういうぼくのほうは、「もっと運動しろよ」っていう課題があるんだけどね。一〇年以上もスポーツセンターの会員なのに、運動にはぜんぜん使用せず、長らくサウナ室と水風呂を楽しむだけになっている。すっきりさっぱりするから、幸福ではあるんだけど。

マコトA 「じぶんのいる世界とは違う場所に行きたい」という思いが強かったというぽん子さん。その気持ちは痛いほどにわかってしまう。横道との共通点は「生粋のユートピア主義者」というところにあるのだろう。もしかしたら、伝統的にユートピアに憧れる人って、自閉スペクトラム症の特性が強い人が多かったかもしれないな、なんて空想を誘われる。

マコトB 苦しい日常生活があって、その反転として極端な理想郷を夢想してしまう、ということだね。

第6章
八坂さん

インタビュー

僕はいま三〇を少し過ぎていて、診断名はADHDと自閉スペクトラム症ですね。弟が二歳下にいます。僕は幼少期から発達の遅れを気にかけられていましたが、弟は全く発達障害的な特性はない人です

幼稚園児の頃は、めちゃくちゃよく泣いてました。見通しが悪くて、いつも不安で。この先どうなるかわからないことばかりで、ギャン泣き、教室の隅のほう、ブラウン管テレビの裏側に入って、三角座りをして、大声で泣くから、先生に「大丈夫？」って尋ねられたことを覚えています。あとは注射に対する恐怖とかです。針でグサッて刺されるのに、何がどう大丈夫なのかわからなくて。怖いという感情が出やすかったんです。

その頃のテレビは、親が観ていいよっていった番組だけ観てました。とくに記憶に残っているのは、『赤ちゃんとぼく』というアニメ。原作は少女マンガで、主人公が弟の世話をする話。弟を大事にしなさいっていうことで、観せられていたんだと思います。

幼稚園児のあいだで流行っていたものは覚えてないですね。他人にまったく興味がなかったので、流行にも無頓着でした。

母方の祖父が寝たきりになってから、祖母だけでは看病がつらいということで、小学校

低学年のときに、母方の実家に家族で引っ越して、祖父の面倒を見るようになりました。祖父は昔の人なので「長男」として僕をひいきしてくれたのを感じましたが、祖父のことですごく覚えていることはありません。とにかく、この人は悪い人じゃないな、ただただ優しい人だなって感じてました。いつもニコニコしている人でした。

祖父が起きられなくなって、調子が悪くなって、ゆっくり消えていくような感じがするのは、大きな衝撃でした。祖母は出不精でいつも家にいる人でしたね。なにかと優しくしてくれて、楽しかったです。いまでも祖父や祖母との思い出をテーマにした作品には感情移入しやすくて、すぐに泣いてしまいます。映画『ドラえもん』の『おばあちゃんの思い出』とかがそうです。

小学生のときの成績は、クラスで一〇番目くらいの微妙なあたりでした。算数や理科はまあまあ、でも得意な範囲が出題されたときだけ、一〇〇点を取るという感じ。かっちりハマったときにすごい結果を出す。いつも優秀というわけではなかったですね。読書が好きなので、国語は得意でした。人間同士のウェットな物語が好きでした。憧れがあったんだと思います。

夕方の時間帯によくアニメをやっていた時代で、やはり少女マンガ原作ですが、『カードキャプターさくら』が好きでした。かわいらしい洋服の女の子が出てきて、小物もかわいい。かわいい女の子ががんばっていて、登場人物が優しい。悪意が発生しない。切った張ったの世界ではない。ランドセルにキャラクターのシールを貼ったりしていたのを覚えています。二年生くらいから、「男らしく」「女らしく」と話題になることが増えて、からかわれた記憶がほんのりとあります。

そんなですから、当時放映していた『ウルトラマンティガ』が怖くて見られなかったんですよ。クトゥルー神話をモチーフにした怪獣なんかが出てきて、グロテスク。いまなら深みがあって良いと思うんですけど、当時は暗くてウネウネしたものが多くて怖いと感じました。弟は楽しんでいたけど、僕は隠れていましたね。

ウルトラマンは『ティガ』が『ダイナ』に代わって、ようやく観るようになりました。つるの剛士さんの演技もあって作風が明るくなりましたし、観やすいテイストだなって。そういうふうに全般にやわらかい、穏やかなものが好きな子どもでした。

それから、まわりの首尾一貫性のなさに違和感を抱いていて、いちいち指摘したり、「○○先生めっちゃいや」とか「そんなこと言うのよくないよ」とか、ズバズバ言ったりしてました。大阪出身ですが、北のほうなので、バリバリ大阪弁ではないです。ほかの人もこんな感じじゃないかな。子どもの世界にもお笑い文化はあったかもしれないけど、他人に興味がなかったので、クラスで流行っているものは、あんまりわかりませんでした。校舎の二階から自転車置き場の屋根に向かって跳びおりるっていう遊びが人気でした。そんなにたいした高さではないんですけど、僕には怖かった。僕がやる番になって、「できない」って言ったら、「空気壊すなよ」って非難されました。

中学年になっても、成績は鳴かず飛ばず。図書室で児童文学を読みました。ミステリー系が好きでした。「青い鳥文庫」に入っているようなやつ。はやみねかおるの「名探偵夢水清志郎事件ノート」シリーズとかですね。巻末に作者の私生活が書かれているのも良かった。ひとりの人の人生を追うのが楽しいと感じました。

歴史上の人物に関するマンガもよく読みました。おっとりしたじぶんに性格の近い人物から、学んでいくイメージ。理系のエジソンとかテスラとかが好きでした。あとは三国時代の諸葛亮孔明とか。じぶんで栄光を勝ちとるリーダータイプよりは、誰かに貢献する支援者タイプに惹かれました。

高学年から中学生にかけては、「ハリー・ポッター」シリーズにハマってました。当時流行していて、親に翻訳を買いあたえてもらいました。だんだん物語がドロドロしてきて、リタイアしたんですけど、そうなる前あたりののほほんとした展開は、海外のコミュニケーションが新鮮で楽しかったです。日本とは異なる非言語コミュニケーションがあるなって。集団の空気を察するよりも、私自身の気持ちを察してよ、というノリ。いじめの経験もあったので、コミュニケーションってじぶんが体験しているようなタイプだけではないという ことが救いになりました。できる限りの誠実さで、言葉の応酬をおこなっていく。

その頃、友だちは格闘系のゲームをよくやっていて、ある友だちのうちによく遊びに行ってました。ゲーム機の所有権がその人のお姉さんにあるみたいで、部屋にお邪魔させてもらって、ゲームをやるんです。で、僕は格闘ゲームは好きだったんですけど、弱かったので、負けて暇になるとそのお姉さんの本棚を見てました。少女マンガがいろいろあって、読ませてもらいました。恋愛や少女同士の友情に関する濃密なコミュニケーションに魅了されました。男性が読んでいる本よりも情緒的な雰囲気がある。覚えている作品は、種村有菜の『神風怪盗ジャンヌ』とかですね。じっくりしたコミュニケーションが好きだなと思いました。

日常的な出来事と創作物がどのくらい連動していたかは不明です。日常からも読書からも少しずつ学んでいたとは思います。でも文化祭の仕事をやっていたとき、ある女子が彼氏に振られたらしいと話題になりました。僕は「それとこれとは別問題なので、ちゃんと手を動かしや」とツッコんで、女子グループから総スカンを食らったことを覚えています。

公立の高校に進学しました。それまでも科目担当の先生に影響を受けることが多くて、先生が好きならその科目を好きになるという感じだったのですが、高校では三年間、物理の先生が担任で、僕はその人を非常に気に入っていたので、理系の人生が確定しました。

高校でも人間関係はギクシャクしていて、ずっと同じクラスメイトに話しつづけて、避けられるようになったことがあります。学食に一緒に行って、友だちにラーメンを引っかけたことがあるんですが、謝罪はしたものの、友だちの体を拭く前に床の片付けを始めてしまって、怒られたことがあります。友だちの体はじぶんで拭くだろうからって判断したんですけど、まわりに気を遣えないところが出てしまった。

深い話ができる友人から嗜（たしな）められるとか、実際の人間関係から学んだことのほうが多いですが、フィクションで参考になったこともあります。ラノベは高校生くらいからアニメ化してるものをいくつか読みました。『やはり俺の青春ラブコメはまちがっている。』は、主人公が卑屈な陰キャなんです。根はいいやつなんですが、みんなに嫌われ者の暗い性格だというのを逆手にとって、トラブルを解決したりする。気にせず接してくれる男女の友人から嗜められて、卑屈さが改善されていく。それにじぶんを重ねて感動しましたね。

僕が見たのはアニメ版なんですが、つぎつぎと異なるキャラクターに焦点を当てることで、登場人物全員の気持ちが描かれているという特徴があるんです。人それぞれにいろんな立場や考え方があるっていうことはもちろん知ってはいましたが、それが構造的に示されていることに衝撃を受けました。人生に台本はないんだなって思ったというか。他人というのは「NPC（プレイヤーが操作しないコンピューターが制御するゲームキャラクター）じゃないんだ」っていうことが、はっきり伝わってきました。それは僕が人間というものを理解する上で、大きな転機になりましたね。

東野圭吾原作の『容疑者Xの献身』は僕が高校生のときに上映された映画です。当時好きだったドラマシリーズの劇場版で、ドラマを観たからなんとなく映画も、と観に行って衝撃を受けました。登場人物の心理描写がていねいで、ひとつの出来事に対する各キャラクターの考えがそれぞれに違うので何度も観てしまい、もう三〇回は観ている映画です。なにより「献身」というタイトルのとおり、犯人は愛する人のために殺人を犯してしまう。一見するとチープになりかねない内容が圧倒的な説得力で描かれているので、「悪いことをやってるやつの言い分なんて聞くに値しない」という世間的な考えに真っ向からアンチテーゼを突きつけていて、僕の考えの根幹に一致しているんです。近年は「悪役にも事情があった」系の物語も多いですが、そういった「自分を正義だと思い、必要悪に手を染める悪役」ではなく、「追いつめられた結果、それでもささやかな幸せを守るために充分に悪いと知りつつ、悪に加担せざるをえなかった被害者」がいて、僕の現在の支援職としての倫理観ともつながっています。

大学は私立大学の理学部に入りました。人類というものに興味がないのに、個人には非常に興味がある。だから集団行動になると、違和感があると指摘されたりしました。

大学二年生のとき、一ヶ月の夏季留学で中国のハルビンに行きました。円高だったので、そんなにお金を気にせずに遊べました。冬は外に置いてあるバナナで釘を打てるくらい寒いのに、夏はすごく暑くて、食べ物がすぐに腐ってしまうという土地です。冷蔵庫に食べ物を入れておくと、現地の学生に勝手に食べられたりする。それで僕は、日本人留学生専用の冷蔵庫を買おうって提案したんです。「短期留学でそんな思考に至らないだろう」と言われましたが、僕らしいぶっ飛び方かもしれません。ひとり一〇〇〇円くらい出してもらって購入しました。帰るときは、日本から長期留学してきている学生に譲っておしまい、という感じです。

大学三年生のときに物理を専攻することにして修士課程の二年まで勉強しました。併せて、大学の構内で家庭菜園を作って、トマト、きゅうり、オクラ、とうもろこし、茄子、葱、ハツカダイコンなんかを育てました。土地代はいらないし、耕運機は使いたい放題です。化学農薬は使わないでくれって釘を刺された上で、肥料も大学のをいくらでも使わせてもらえました。自宅から通っていたんですけど、実験で泊まり込むことが多く、学食は高いですし、キャンパスが僻地（へきち）にあったので、コンビニが遠い。家庭菜園はコスパが良くて、楽しく利用できました。料理も楽しかったです。

そのうち育てるのは面倒だけど、収穫体験だけやりたいって人が出てきて、じゃあ一部を収穫させてあげるので、もとになる苗を買ってくださいってお願いしました。で、僕も収穫にありつけた。夏休みに長く大学に来ないので、そのあいだは畑を放置してしまうと困ってた人もいました。そうすると、収穫もぜんぶダメになってしまう。僕はあなたが不在のあいだ雑草抜きと水やりをするから、盆のあいだだけ収穫させてほしい、どうせそのあいだに収穫しないと腐るからって持ちかけて、これもうまくいきました。ニーズを掘りあてて、商売するのが楽しいと感じました。

大学生の頃、友人と院進（大学院への進学）を祝いあうため、焼肉屋に行くことになりました。お酒を飲むことを前提としてプランが組まれていたんですけど、僕はお酒を飲みません。それなのに、そういうプランが組まれたことに対して、僕は半分腹が立って、半分は申し訳ないって思いが湧いたんです。それで店の名前は聞いていたので、電話をかけて、予約した友だちの苗字を伝えて、一名分は飲み放題でなくしてほしいって、依頼したんです。そうしたら、幹事をとおさずに勝手に話をつけようとしたことに対して、それは幹事のメンツを潰す行為だと非難されました。友だちが呆れて「はあ」と大きく溜め息をついたとき、僕はこれは人生で何百回も聴いてきた「はあ」だと思いました。人間関係が終わるときの「はあ」です。僕は「まずい」と思って、土下座までして謝ったんです。「オレにはメンツというものの理屈がわからない、でもオレのことを諦めないでくれ、見捨てないでくれ」って頼みこみました。その友だちも僕の態度に感じるものがあったのか、僕を見離さないでいてくれて、メンツについての理屈をマクドナルドでじっくりと説明してくれました。

大学生から社会人のはじめのあたり、映像は流行に合わせて観ていた感じです。小さい頃から泣き虫を非難されてきたので、フィクションに感動して泣くことが難しくなっていた。それでも『奇跡の生還！　九死に一生スペシャル』みたいなテレビの再現ドラマは泣きましたけど。あとは、『サマーウォーズ』は感動して泣きましたね。おばあちゃんが死んで手紙を残しているところに、胸を打たれて泣きました。

社会人の一年めになって、じぶんは発達障害だって気づきました。教員免許を取ったので、授業でも発達障害について聞いたことがあったんですけど、じぶんは違うんだろうって思っていたんです。でも働きはじめると、専門を活かした仕事なのに、僕だけできないことがいろいろありました。精神科に行くと、「親離れしていないだけだ」と決めつけられて、「じゃあひとり暮らしをしてみるか」と思ったんですが、まともに生活できなくて、鬱になりました。それでべつの精神科に行って、発達障害の診断を受け、二年八ヶ月で退職しました。

その時期はよく散歩して、音楽を聴いてるだけで、泣けてくることは多かったです。アニメの主題歌などを経由して、邦ロックが好きになっていて、よく聴きました。じぶんではとても歌えないような高音の曲が好きでした。柴咲コウの「かたちあるもの」とか「月のしずく」も好きでした。古き良き日本語が選ばれていて。どちらかというと、歌詞に注目するタイプだと思います。そうこうするうちに、泣きたいときにはサクッと泣けるようになりました。すなおに感動できるようになっていったんです。

会社を辞める前に、発達障害者支援の会社を見つけていて、ここで新しくやってみようって思ったんです。それで入社して、支援の仕事をやりながら現在に至っています。

コメント

マコトA 八坂さんとの出会いは、横道が自助グループに関わりだした最初期にさかのぼる。発達障害の診断を受けてから、一年ほどが経とうとしていた頃。発達障害は服薬や手術によって消滅したりしないので、横道はどうすれば良いのかと悩み、自助グループ活動に救いを見出すことになった。

マコトB 当時（二〇二〇年春）はコロナ禍の初期で、緊急事態宣言が初めて出たりして、発達障害自助グループも休会したり、オンライン化したりしていた。京都で二種類、大阪で二種類の自助グループに出てみたんだけど、そのひとつに八坂さんが来ていた。

マコトA 当時の彼はかなりトンガっているというか「戦闘民族」という印象だったけど、おそらく横道が大学教員だということで、彼自身も緊張していたんだろうね。

マコトB 泣き虫な子どもだったこと、優しい印象のテレビ番組が好きだったことが語られている。このように聞いていていると、だいぶぼくに似た子どもだったのだなとわかる。現在のぼくと八坂さんの印象はそんなに似ていないと思うので、不思議な感じがするね。

マコトA 他人に対する関心のあり方も、当事者ごとにグラデーションがあるというかダイバーシティが広がっていて、おもしろいよね。

マコトB 横道はじぶんの祖父たちに会ったことがない。父方の祖父は、父自身が物心ついた頃にはもう亡くなっていて、二〇歳くらい年の離れた長兄が父代わりだったそうだ。母方の祖父は、母が高校生のときに交通事故で亡くなった。母にとってはそれが人生最大の心の傷になり、カルト宗教に入信するきっかけとなった。死後の復活が教義に含まれているからね。

マコトA 父方の祖母は横道が小さい頃に同居していて、横道はだいぶ溺愛されたな。いつも甘やかされていて、だから横道も八坂さんとまったく同様、『ドラえもん』のおばあちゃん絡みの話には思い入れがある。

マコトB 母方の祖母は性格がややこしくて、気難しくて、母と葛藤が深かった人。横道の発達障害はこちらの祖母から母を通じて遺伝してきたというのが、横道の推測するところだ。

マコトA 八坂さんはずば抜けた優等生ではなかったんだね。彼の現在の思考力はナイフのように鋭いので、子どもの頃から「ブイブイ言わせていた」（勢いづいて幅を利かせることを意味する関西弁）のかと思ってたよ。

マコトB でも横道だってそうだよね。日常生活でも学校の勉強でも得意と不得意の差が大きかったから、ピカピカした総合的優等生だった時期は一度もない。

マコトA 横道も女の子アニメが好きだったけど、横道の場合は小さい頃からレトロ志向で、再放送のアニメのほうが好みだった。じぶんより年上の女の子が親しんでいた番組。『魔法のプリンセス ミンキーモモ』（旧作）、『魔法のスター マジカルエミ』、『ときめきトゥナイト』、『はいからさんが通る』、『パタリロ！』など。『ミンキーモモ』でヒロインが交通事故によって突然死したり、『パタリロ！』で美青年同士のＮＴＲ（寝取られ）がエロティックに描かれたりしていたのは、トラウマ的な記憶として脳裏によく刻まれてる。

マコトB でも横道は男の子向けのヒーロー番組も好きだったから、『ウルトラマンティガ』についての八坂さんの感じ方は、繊細だなって思うよ。特撮番組だと、横道は三年生から四年生のときに観た『仮面ライダーＢＬＡＣＫ』と、四年生から五年生のときに観た『超獣戦隊ライブマン』がとくに好きだった。どちらも陰惨な印象の場面が多くて、ぼくの現在に至る怪奇趣味を耕してくれたって感じるんだ。

マコトA 八坂さんと逆に、明るい作風のヒーローものには馴染めなかったんだよね。『BLACK』の続編『仮面ライダーBLACK RX』とか『ライブマン』の次作『高速戦隊ターボレンジャー』は、前作に対する反動からか、明朗な作風になっていて、がっかりしちゃった。陰惨な作風にヒーローの孤独感や世界の虚しさを感じて、発達障害やカルト宗教の環境で苦しむじぶんを——じぶんの状況をそのように正確に把握できていたわけではないけど——慰めていたんだと思う。

マコトB 横道もズバズバと言いたいことを言う子どもで、行動も極端な印象を与えたようだから、まわりにはかなり嫌がられていた気がする。「おまえ、言いすぎやろ」「おまえ、やりすぎやぞ」ってクラスメイトに嗜められたことは、非常に多くある。

マコトA 八坂さんは大阪の北のほうの人。横道の場合は大阪市の南のほうで生きていて、「バリバリ大阪弁」の地域だったので、お笑い文化の影響は強かったね。いじめられないために、お笑いのセンスをじぶんに取りいれることに熱心になり、テレビ番組を観ながら研究を重ねたことを思いだす。モノマネがわりと得意だったけど、これはADHDの人に多い気がする。

マコトB　八坂さんも「青い鳥文庫」の愛好家、そしてぽん子さんと同じくはやみねかおるの「夢水清志郎」シリーズのファンだったんだね。この世代にとって、はやみねかおるの存在はやはり大きい。HOTASさんとまるむしさんと横道は「ガンダム」シリーズから、ヨシさんはアガサ・クリスティのミステリー小説から、そして、ぽん子さんと八坂さんははやみねかおるから人間について学んだ！

マコトA　ぼくもエジソンには憧れたけど、ニコラ・テスラに関する伝記ってぼくの世代では見かけたことがなかったので、名前が出て驚いたよ。イーロン・マスクの会社「テスラ」はこの人に敬意を表して名づけられたそうだけど、いまでは日本の偉人伝に入るようになってるんだね。

マコトB　ぼくのイメージでは、テスラって「オカルトの人」だったんだけどな。

マコトA　孔明に対する愛好はヨシさんと同じだよね。横道も孔明は大好きだった。横道とヨシさんと八坂は『三国志』と諸葛亮孔明から人間について学んだ！

マコトB　「ハリー・ポッター」はぼくが大学生のとき、人気が爆発していたよ。ポケモンとかもそうだけど、「子どもたちのあいだで（おそらく一瞬だけ）流行している」と侮っているうちに、歴史に残るような大ブームになっていった。軽く見ずに、ぼくも同時的に追いかけていたら、楽しかったかもしれないと思うことがある。ブームが落ちついたあとで原作の日本語訳を読んだり、映画版を観たりしたけど、なにもおもしろいと思えなかったよ。

マコトA 八坂さんも少女マンガが好きだったんだね。HOTASさんとまるむしさんと横道と八坂さんは、少女マンガから人間について学んだ！（こればっかり――笑）

マコトB 最初はテレビで観ていた少女マンガ原作のアニメ、それから妹が読んでいた同時代の『りぼん』系の少女マンガ、それから中学生のときに本放送でやっていた『美少女戦士セーラームーン』。そうステップを踏んで、高校時代の横道は格安の古本で収集した古めかしい少女マンガを大量に読みふける日々だった。

マコトA たくさん読んで、それぞれのマンガ家の作風の変遷を確認し、影響関係にあったべつの作家の作品と比較しながら、頭のなかにじぶんなりの「少女マンガ史」を組みあげていった。あの時期の生活が横道の研究者人生の芽吹きと言ってもいいくらいだよ。

マコトB そんなふうに、毎日の生活のいちばんの関心がレトロな少女マンガだったから、高校時代は学校生活がおまけみたいなものだった。もちろん、勉強はおろそかになっちゃったね。クラスでの行事もそれなりにあったはずだけど、ほとんど覚えてないんだよ。高校が生徒の自主性を尊重する「自由の校風」を掲げていたのを利用して、授業もしょっちゅう脱けだして古本屋めぐりをしていたし、公式行事はほとんどサボっていた。

マコトA　古い少女マンガにハマってから、幼少時からのレトロ志向が決定的なものになって、同時代のオタク文化に対する関心はだいぶ冷えこんでしまった。高校一年生のときには当時のアニメキャラが印刷されたTシャツを着て登校したこともあったんだけど（先にも言及したとおり、親しいオタク仲間の友人のあいだですら、失笑を受けた）、興味のあるアニメ作品はほとんどなくなった。そんな折に『新世紀エヴァンゲリオン』の本放送が始まって、急に関心が「現代」に引きもどされるということもあったんだけど、『エヴァ』もレトロなアニメ、マンガ、特撮、小説などへのオマージュに満ちていたから、結局は『エヴァ』によって横道のレトロ趣味はいっそう深くなっていった。

マコトB　八坂さんのラノベ愛好が語られていたね。横道は基本的にマンガやアニメのオタクだったので、当時人気のラノベも書店でちょくちょくめくったりしていたけれども、小学生の頃からだいぶ読書家で、高校時代には海外の古典文学などにも親しむようになっていたので、ついにディープなラノベファンにはならずじまいだった。ちょっとタイミングが違ったりしていたら、ぼくも少女マンガではなくてラノベのほうの熱狂的な収集家になったり、ラノベ作家になろうと野心を燃やしたりしていたと思うんですけどね。横道の『唯が行く！――当事者研究とオープンダイアローグ奮闘記』（金剛出版、二〇二一年）や『海球小説――次世代の発達障害論』（ミネルヴァ書房、二〇二四年）はライトノベルの様式に影響を受けた作品だ。

マコトA　八坂さんが渡航原作のアニメ『やはり俺の青春ラブコメはまちがっている。』や東野圭吾の『容疑者Xの献身』について教えてくれたような、人間関係や善悪に対する似たような気づきは横道にもあったんだけど、横道にとって「他者」はなかば空想的な対象のように感じられていた気がする。

マコトB　『ガンダム』に出てくる「ニュータイプ」が有しているような超感覚的コミュニケーションへの憧れが強かったよね。そういう神秘主義的な、完全無欠のコミュニケーションを求めて、高校時代から大学時代の横道は遠藤周作の『沈黙』とか、大江健三郎の『新しい人よ眼ざめよ』とか、フーゴー・フォン・ホーフマンスタールの『チャンドス卿の手紙』とか、マルセル・プルーストの『失われた時を求めて』とかを読みふけった。

マコトA　そういうテーマに無関係の文学作品も濫読したんだけど、結局それらは横道の人生にとって、そんなに大きな意味を持たなかったよね。横道は読書という行為を実存主義的な体験を得られる場として愛してきた。

マコトB そして横道にとっては、自己の実存の問題のほうが他者との関係の問題よりも優先順位が高かった。そして、このことを思うたびに、実存主義的とはすぐれて自閉スペクトラム症的なものだということなんだって考えてしまう。

マコトA 八坂さんも非常に自閉スペクトラム症の特性が強い人だけど、このように当事者の好む小説という問題に関しても、差異だらけのグラデーションが広がっている。

マコトB 八坂さんは、人類に興味がないのに個人には非常に興味があると言っていた。非常におもしろいね。横道はちょうど逆のタイプの若者だった。極端という点では一緒なのかもしれないけど。

マコトA 八坂さんが留学したのは、中国への語学留学が、どんどん盛んになっていた時期だね。ぼくが大学生のときから一〇年ちょっとでだいぶ変わったんじゃないかな。ぼくが訪れたことのある中国の街で、いちばんよく覚えているのは上海。以前日本に留学していた人たちと再会できたのも良かったけど、なによりも豫園近くの「文廟書市」という古書市に夢中になった。自閉スペクトラム症者というと、収集癖を特性とする人が多いけど、この点で横道は典型的だった。その古書市で中国の古い芸能雑誌とか、連環画という豆本マンガのようなものをたくさん買いもとめたんだ。

マコトB 八坂さんから、「恋バナ」についても聞いたことがあるけど、その内容は本書に収録できないんだ。少し残念だけれども、仕方のないことだね。ちなみにぼくには長く交際した女性がひとりいるけど、五年くらいだったかな。

マコトA 八坂さんの栽培生活。ちゃんと生き物の世話ができるって偉いよね。ぼくは小学生のときによく昆虫を飼育していて、とくにカブトムシとカマキリが好きだったけど、ちゃんとエサをやったり掃除をしたりということができなかった。学研の学習雑誌の付録についていたカブトエビとかホウネンエビの飼育セットも、とても興奮して育てていたんだけど、やっぱり途中で飽きてしまった。こういう飽きっぽさはＡＤＨＤ的だね。

マコトB 動物だけでなく植物も同様で、小学生のときはアサガオ、チューリップ、ヒマワリ、ヘチマなどを育てたけど、やはり途中で投げだしてしまった。

マコトA おとなになってから、なにか動物を飼ってみたいと思ったことはあるけど、子どもの頃の悪癖が直っているとは思えない。実際三〇代になって、小さい熱帯魚を少しだけ飼育したものの、しばらくして全滅させてしまった。

マコトB 植物も同様、ほとんど世話を焼かなくて良いということでサボテンとかエアープランツに手を出したことがあるけど、サボテンに水をやらない日々が数年にわたってしまい、結局は枯れてしまった。エアープランツはどこに行ってしまったのか、わからない。

マコトA いまの横道は毎週ホームヘルパーに来てもらっているけど、つまるところぼくはじぶんの世話もロクにできない人、というわけだ。

マコトB 横道は酒飲みで、アルコール依存症の診断も受けている。毎日ちゃんと治療薬を打ったり飲んだりしているけど、酒を完全にやめるには至ってない。そんな人だから宴会でもじぶんが払った料金以上に飲むことが多く、八坂さんが話してくれたような「幹事に黙ってじぶんのぶんだけキャンセル」みたいな行動を取ったことはないけど、八坂さんの発想自体は、よくわかる。「人は人、じぶんはじぶん」ということだよね。

マコトA たとえばカラオケに行くと、終盤にバラードがよく選曲されるじゃない？「締めの空気」ということでさ。横道はいつもそれらのバラードを、停止ボタンですべて解除したくてムラムラしてしまうんだ。昔から「みんなが心を合わせて声をひとつに」みたいな音響空間が苦手だった。だから合唱曲なんかも嫌いでゾッとしてしまう若者だった。

マコトB うん。「オレはぜんぜん誰にも共感してないのに、ほかのやつらは共感しあって、うっとりしている」という状況に絶望を感じていたんだね。八坂さんの場合も、「同調圧力になじめない」ことが問題になった。ぼくもよくそれでトラブルになったけど、たとえ親友であれそういうものを求めてくる相手とは、いまのぼくはどんどん絶縁することにしているよ。

マコトA 「三つ子の魂百まで」ということわざがあるけど、自閉スペクトラム症者には「同一性保持」と呼ばれる特性があるから、「三つ子の魂百まで」の当事者ばかり。でも、八坂さんみたいに、おばあちゃんもので泣くというのは、横道の人生では、高校生のときに祖母と死に別れてから、なくなってしまった。

マコトB 久しぶりに顔を合わせた臨終間際の祖母は、横道のことを「マコトくん、マコトくん」と懐かしがってくれたけど、なんだかぼくは逆にひとりぼっちになった気がしたんだね。おそらく小学生のとき、母から虐待を受けながらよく祖母（母にとっては姑）の悪口を聞いていたので、その記憶に紐づいたんだと思うな。だから横道にとって、懐かしい祖母の思い出は、悲しいことに、虐待の記憶と不可分のものになってしまってるんだ。

マコトA 八坂さんは、支援員なんだね。魅力的な仕事だと思うな。

マコトB 以前の取材で、八坂さんと同じ仕事をしている人たちの現場を見学させてもらったことがあるんだけど、やりがいを感じやすそうな職種だと思ったよ。

第7章
リナさん

インタビュー

私は一九九五年生まれの二九歳です。早生まれなので、世代としては「ゆとり世代」に属します。自閉スペクトラム症と注意欠如・多動症の診断を受けています。診断されていませんが、発達性協調運動症もあると思っています。手先が不器用で、体を使うことが苦手だからです。若干の学習障害（限局性学習症）もありそうです。文章の理解が苦手ですし、数の概念があまりわかりません。発達障害の二次障害で双極症（二型）と診断されています。いまは障害者雇用の会社員として働いています。

父方・母方の祖父母がボリビアへ渡った移民で、そこで両親が生まれました。なので、祖父母は日系一世、両親は日系二世です。ふたりはボリビアで知りあい、一九九〇年代の初頭に関東に移住してきて、私が生まれました。私自身は東京生まれ、東京育ち、ひとりっ子です。父は発達障害グレーゾーンかなと思います。

予定日より三ヶ月早く生まれてきたので、物心ついたときから小六まで病院通いが多かったんです。それもあって、小さい頃から、空想のなかで生きてきました。純粋さと好奇心が掛けあわさった子だったって、母から聞いています。私がいちばんキラキラしていた時代です。エレクトーンを習いだしたのも三歳の頃からです。好奇心の強さはここから来ていると思います。

病院の待合室では、絵本を読んでいました。絵や文字に触れる環境が多かったです。カタカナはいつの間にか覚えていたようです。母親は「ひらがな以外教えた記憶がない」と言っていました。

五歳頃、「セサミストリートのなかまたち」シリーズとか「おさるのジョージ」シリーズとか、外国の絵本が好きでした。絵のカラフルさと、ストーリーのわかりやすさが印象に残ってます。じぶんのなかに語彙やイメージが蓄積されていって、語られている教訓から物事の善悪などを学びました。また小学校三年まで、「絵本の本棚」（クレヨンハウスのブッククラブ）を定期購読していて、さらに多くの絵本に接していました。

小学生のときは漢字が得意でした。国語と社会科の歴史が得意だけど、それ以外はそんなにパッとしませんでした。算数はとくにダメです。音楽は得意で、図工は中途半端でした。体育はぜんぜんダメ。能力のばらつきが大きかったと感じます。

小学校三年生くらいのときに、同じように空想力が豊かな男子生徒にライバル心を燃やしていたことを覚えています。その子がお店屋さんごっこを始めたんです。内向的な印象なのに、才気煥発で人気者の面がありました。買い物券を発行したりして、システムを構築して。人気なのを見て、じぶんも真似てみたら、その男子にバッシングされました。その頃から、空想だけの世界に疑問が生まれた気がします。同じことをやっても、ウケる人とそうじゃない人がいるんだってわかって、子ども心に傷つきました。

クラスメイトのお母さんに誘われて、地域の読書会に参加しました。そこで映画を鑑賞することもあったのですが、犬に関するものに影響を受けました。保護犬に関する内容や、盲導犬の育成など。福祉系に興味を抱きました。同じ時期に『世界がもし100人の村だったら』の本も持っていて、テレビでも話題になって、心を動かされました。ユニセフの募金活動に協力して、貯めていたお小遣い全額を寄付しました。

海外の作家が書いた「マジック・ツリーハウス」シリーズをよく覚えています。失われた物語を探す旅の物語。兄と妹が本の中の世界へタイムスリップして、活躍する。少しずつ登場人物が増えていって、図書館司書を名乗る魔法使いの女性が出てきます。もう、その人に一目惚れして自分は司書になろうって思いました。

四年生くらいまでは良かったのですが、五年生のときに学級崩壊が起きてしまいました。じぶんも巻きこまれるような感じで、ゴタゴタして。男子からも女子からも標的にされて、先生からも疎まれていじめを受けて、じぶんはみんなと違うんだと思いました。それまで読書で作ったじぶんの世界観にヒビが入ったと感じます。友だちは一応一、三人はいて、ひとりはじぶんを公然と庇ってくれた人。ほかの子たちは私がいじめを受けていると、裏でこっそり助けてくれました。クラス内でいじめられていた人（男性）からさらにいじめられることもありました。

小学校高学年のときに好きだったのは歴史の本です。歴史マンガを読みましたが、戦後からいまの日本の成りたちを知ることに興味がありました。両親は昭和時代にボリビアにいたので、海外から見た日本しか知りません。それで興味が湧いたんです。出たばかりの『ビジュアルＮＩＰＰＯＮ　昭和の時代』を熟読しました。でも昭和レトロなグッズへの興味はないんですよ。昭和の時代に起きた出来事、時代背景に興味があったんです。ずっと後になっても、いまでは放送できないような昭和のテレビＣＭをYouTubeで観たりしてました。

発達障害児らしかったところと言うと、トマトしか食べなかったり、入院食はおかゆではなくご飯に変えてもらったり、ひじきやキリボシ大根など味が渋いものを、おやつは洋菓子ではなく和菓子を好んで食べていたりです。靴紐をきちんと結んでからでないと出かけようとしなかったり、ランドセルを置く場所や、道具箱のなかにあるものの位置などを整えて、「生活導線」を整えることにやたらこだわったり、打ちあげ花火の音に過敏だったというところでしょうか。親が眼を離すと、どこかに行ってしまう子。でも母が小児科のお医者さんに相談しても、「小さく生まれた子にはよくあること」というそっけない回答だったんです。

でも、早産したときにお世話になっていたお医者さんと再会したことで、すべてが変わりました。そのお医者さんは「お母さん、発達障害って知ってますか。空気を読めない、行動が浮いているなどの特徴がある障害のことです。リナちゃんは発達障害の傾向があると思うので一回病院で検査をしてもらってください」って母親に提案してくれて。そのお医者さんはアメリカ帰りだったので発達障害のことを知っていたそうです。それで二〇〇六年、小学六年生のときに「高機能広汎性発達障害」(高機能自閉症と広汎性発達障害を独自に掛けあわせた名称?)と診断されました。母が塾の先生に診断を受けたと伝えたところ、その人は塾で働きながら筑波大学で心理学を勉強していた人だったので、発達障害児に理解がありました。それで苦手な算数の勉強を助けてくれたりしました。

理解のある環境で勉強したいって思って、中学受験して私立の共学に進学しました。インクルーシブ教育を先駆け的にやっていた学校です。でも身体障害児へのインクルーシブ教育はあったのに、発達障害児へのインクルーシブ教育は進んでいなくて、結局心は削られました。

思春期特有の女子グループのゴタゴタに巻きこまれて、「テストに合格したらグループに入れてあげるよ」って言われたんですが、当時の流行などがわからなかったので、適当に問題に答えたら不正解だって言われて、嫌がらせをされました。

一年生のとき、学校が担任の先生から親をつうじて、本人に障害の告知をしたほうが良いって言ってきました。それで私は初めて自分が発達障害だと知りました。それから、クラスメイトともその事実を共有したほうがいいって母親を説得していたみたいです。私にはじぶんの言葉でクラスメイトに告知できる言語能力がなかったので、母が担任をつうじて、私に障害があることをクラスメイトに伝えてくれたようですが、あまり受容されなかったらしく、気がついたら仲間外れになってました。じぶんの言葉でも障害について話すようになったんですけど、「私は空気が読めない。話しすぎている。そういう癖があるので、気がついたら教えてください」って言ってしまったんです。そうしたら「癖って指摘すれば直るじゃん」と誤解されてしまって。もちろん指摘されても直りません。私がぜんぜん変わらないので、呆れられて、無視されるようになりました。私が苦手なことを知られたために、それを逆手に取られて、嫌がらせをされるようにもなりました。

中学時代はあいかわらず読書家で、中学生が主人公のティーンズ向けの本を中心に、たくさん読みました。草野たきさんの『ハッピーノート』、『透きとおった糸をのばして』、『反撃』、『ハーフ』、『ハチミツドロップス』。森絵都さんの『カラフル』、『リズム』、『ゴールド・フィッシュ』、『アーモンド入りチョコレートのワルツ』。川上未映子さんの『ヘヴン』。

湊かなえさんの『告白』と『少女』。たくさん本を読んで、クラスメイトの気持ちを理解しようとしていたと思います。

部活は美術部でした。小学校のときのクラスメイトが少女マンガの模写をしていたのを思いだして、どういう心境かわからなかったけど、私自身は少女マンガをあまり読まないのに、その子の影響みたいな感じで、少女マンガの絵をよく描いていました。顧問の先生がひとりぼっちの私に気を遣って、一緒にお弁当を食べてくれました。

ZARDの坂井泉水さんが二〇〇七年に亡くなって、よく話題になっていたので関心を抱いて、曲を聴くようになりました。『サヨナラは今もこの胸に居ます』、『瞳閉じて』、『MIND GAMES』、『WAKE UP MAKE THE MORNING LAST ~忘れがたき人へ~』、『眠れない夜を抱いて』、『I'm in love』などが好きです。ほかにも当時人気だったミュージシャン、嵐とかスキマスイッチ、Superfly、AKB48などの曲もよく聴きました。歌い手の気持ちにシンクロしようとしながら、「ふつうの人ってこういうふうに心が動くものなんだ」、「じぶんにもそういう気持ちがあるかもしれない」って考えながら聴いていましたね。

水泳の時間にクラスメイトと遊んでいたときのことをよく覚えています。見学していた女子グループのリーダーにふざけて水をかけたんですけど、謝れませんでした。このグループにも邪険にされていると感じて、素直になれなかったんです。むしゃくしゃしていて、

「私はその子が嫌いだから水をかけたんだ」って発言して、クラスメイトから発言も含めて人間性を否定されました。それ以外でも私の言動が笑われ、からかわれることがよくありました。じぶんがどう振るまえばいいか、じぶんでもわからないままでした。

中二のときには、私の態度が悪いと学級会議で糾弾されて、心が折れてしまいました。あまりにも衝撃的すぎて、言葉が出なかった。クラスメイトが「リナさんのどこまでが障害で、どこまでが性格なのかわからない」と言うのを聞いたことを境に、その前後の記憶がなくなっています。気がついたら、じぶんの障害が学年中にアウティングされていました。あとになってから、「リナさんがなぜあそこまで言われなきゃならないの？　おかしいよ」とクラスメイトのひとりが言っていたそうです。

高校はエスカレーター方式で進学しました。高校時代には同じクラスメイトの女子と、本が好きという共通点で仲良くなって、気がついたら傷の舐めあいの関係になっていました。そのクラスメイトの女子は発達障害グレーゾーンだったので、お互いに干渉しすぎて。それぞれで世の中に対する憎しみのような、ドロドロした感情を一年半のあいだ、高めあっていました。中学時代のストレスが体に来て、高校入学後から声が出なくなったり、どうしようもない思いを作曲という形で電子オルガンにぶつけていたときもありましたが、すでに私自身がドロついた感情に呑まれていました。高校二年春の時点で、担任を務めていた新任教員、学年主任を巻きこんでいました。

転機のひとつは、高校二年生のときに、日本近現代文学の研究授業があったことです。大学のゼミのような授業を高校でやっていたんです。それで夏目漱石や太宰治を読みました。精神状態が良くないこともあって、作品に齧りつくように読んでいたけど、授業内容についていけたわけではないと思っています。課題図書を配布されて音読をしても、詰まって読めなくなったり、人前で意見を述べることが怖かったです。それでも読書が好きなので、日本文学を極めたいという思いで出席していましたが、「このまま出続けるのはまずいかな……」とも思っていました。そのうち、課題図書を読んで感想文を書くという夏休みの課題があって、じぶんのなかで力を出しきりたいと思いました。そうしたら感想の一部をプリントに載せてもらえたんです。感想文を載せてもらう頻度は、少しずつ多くなっていきました。それで一気に自信を取りもどしました。作品の解釈や感想をつうじて、生徒同士で交流するのも楽しかったです。感想文が掲載されたら、そのプリントを配布した週にほかの生徒からの感想を担当の先生が収集して、その感想がまたつぎの週のプリントに載る。それまではひとりで読書をして、ふだんの生活が一方的なコミュニケーションだったのに、「文学をつうじて他者とつながれた」という感覚がありました。人の感想を理解して、じぶんの感想に対しての反応ももらえて、うれしくて仕方がなかったんです。

その授業の一環として「学習旅行」が組まれていました。二〇人くらいで九州に出かけて、漱石の『草枕』とか梅崎春生の『桜島』の舞台を訪れて、名所の感想を述べたり、名産品を味わって、景色が美しくて……こういう世界をもっと知りたいと思いました。その旅行で日本文学への関心がますます燃えあがりました。授業には日本文学に関するエッセイ・コンクールに応募する授業企画もありましたが、それは緊張してまともなものを書けませんでした。でもいい思い出が多い授業です。

三年生のときは、児童文学、近代文学、漢文、翻訳文学、日本語の論理、文芸創作の授業を取ることができました。翻訳文学の授業では、最後のレポート課題・発表課題でダニエル・キイス『アルジャーノンに花束を』を選びました。そしたら主人公のチャーリイに共感してしまって。みんなと同じになりたいという思いが重なりすぎて、泣きじゃくりながら読みました。それまで本を読んで泣いたことはほとんどなかったんですけど……。作品発表のときも途中までは納得できるいい進め方だったのに、気がついたら泣きながら発表していました。

文芸創作では、じぶんが感じたことをエッセイ、詩、小説などいろいろな課題に沿って書きました。この授業で書いた作品も、授業を受講していたほかのクラスの人から多くの感想をもらいました。「リアリティがある、じぶんだったらこういう内容は書けない」、「情景が眼に浮かぶ」、「リナさんの感じていることがわかった気がする」、「書くことが好きなんだね」といった感想がいまも印象に残っています。幼い頃から積みかさねてきた読書体験が、花開いたと思いました。

その授業の期末試験で、一〇〇点をとったことがきっかけで、大学で日本近現代文学を専攻しようと思いました。受験勉強をしましたが、一般入試は難しいので、指定校推薦を受けました。志望した大学には落ちましたが、都内にあるキリスト教系の女子大学に入ることができました。

日本語、日本文学、日本文化を学べる学科に進んで、とくに日本文学を学びたかったんですけど、「上には上がいる」と思いました。作品の解釈をすると、どうしても負けてしまう。それと担当の先生は従来の解釈に対する批判意識が強烈な人だったので、ちょっとついていけないと考えて、途中で専攻を日本語学に変えたんです。日本語がわからないと感じることが多かったので、日本語を専門的に学ぶことで、じぶんの障害特性にふさわしい形で日本語力を鍛えたかったんです。日本語学はやはり向いていないのではと感じつつ、語彙論・語用論を応用しながら「テレビの音声情報と字幕情報の対応関係、情報量の違い」について卒論を書きました。

大学時代は、聖歌隊に入っていました。それと読書サークルも。読書サークルを通して、書くことは続けていました。学科を問わず、友人が何人もできました。もうみんなおとなびていて、友人関係のトラブルはほとんどなかったですが、女性によく見られる特定のグループを作ること、特定のグループと一緒に行動することができなかったです。まわりを見渡すと先輩、後輩、同級生関係なく誰かひとりは必ず誰かと行動を一緒にしているんですよね。じぶんはそういう女性同士の人間関係は無理なんだなと改めてショックを受けました。複雑な思いと劣等感を感じていましたね。アルバイトは、聴覚障害者のためのパソコンテイク（音声情報をパソコンで文字情報に変換する作業）をやったり、年末年始に郵便局で仕分けの作業をやったり。小学生のときから夢だった図書館司書の資格もとりました。

私が好きなテレビドラマやマンガについて説明してきませんでした。テレビドラマは『花より男子（だんご）』、『のだめカンタービレ』、『七瀬ふたたび』。二〇〇五年あたりから、本放送だったものを観ていました。最近では『ラストマン――全盲の捜査官』『初恋、ざらり』がストーリー的に好きでした。最初は恋愛ものが多く、だんだん人間関係を扱った作品に移行していったと思います。マンガでは『しゅごキャラ！』、『千年の雪』、『桜蘭高校ホスト部（クラブ）』『学園アリス』、『先生と僕～夏目漱石を囲む人々～』などをよく読んでました。『先生と僕～夏目漱石を囲む人々～』は、漱石とその弟子を描いた作品です。『初恋、ざらり』は自閉症スペクトラム症と知的障害が併発した女性の話です。

私は人間関係の理想形の例を小説、テレビドラマ、マンガなどで蓄えてしまったため、人間関係に対する憧れだけ妙に強いまま、自閉スペクトラム症特有の距離感がつかめない感覚、空気を読めない感覚に引き裂かれている気がします。実際にはじぶんが障害特性で苦労しているんですけど、それを他人事として認識しながら生きてきている感じがします。

大学四年生の四月（二〇一六年四月）から就職活動を始めました。この時点で、もう就職活動セミナーで言っていることがわからなくなり、こういう活動もじぶんに向いてないんじゃないかと感じました。民間企業が主宰していた発達障害者とそのグレーゾーンの学生向けの講座のことも知っていましたが、みんなと同じになりたいという焦りで受講せず、就職活動へ踏みきりました。なぜあのときに講座受講をしなかったのか、いまも悔んでいます。

出版関係の会社も受けましたが、筆記試験で落ちることが多かったです。最終的に福祉業界に内定を得て卒業しました。適性検査を受けて、正社員として介護福祉の世界に入りましたが、選ぶ業界を間違えたと感じ、一ヶ月でやめてしまいました。三ヶ月ほど無職の状態で、そのあいだに成人として改めて発達障害の診断を受けました。当時も障害者雇用を考えたんですけど、抵抗感もあったので、結果、「憧れだった司書で働いてから、障害者雇用で違う道を探すか考えよう」と決め、指定管理業者に就職しました。図書館新規スタッフとして派遣され、ほかのスタッフとともに司書として半年ほど働いたんですが、ほぼサービス業だということがわかって、向いていないと思いました。ミスはするし、本の修繕はできないし、電話対応は、レクチャーの時点で館長職のスタッフから匙を投げられる始末。図書館のサービス内容も、まともに人に説明できず、上長から「仕事の評価ができないので、契約満了です」と伝えられ、退職することになりました。いま思うと、障害があることを伏せたのが良くなかったし、もったいない経験だったと思います。障害者雇用の対象に発達障害者はまだ含まれていなかった頃だったから、しょうがなかったのかな。

そのあとは就労支援移行事業所に通所して、いまは禅宗系の宗教法人の事務所で働いていますが、キャリアップを考えて、また退職しようとしています。今度は発達障害者支援など障害者福祉に関する仕事をやりたいと思っています。できれば、じぶん自身の意志を表明できるツール、プラットフォームを作りたいと思っています。漠然としていますが、語彙、語用、文法の分析をして、自閉スペクトラム症の人に欠けやすい言葉遣いについて考察して、支援に生かしていければいいなと。意志を細かく伝えられるような、癇癪を起こさなくてもすむような、安全なツール。日本語教師が活用している教材や理論、スキル、日本語教師の資格取得で学ぶ分野からもヒントを多く得たいと思っています。

それから近年、発達障害をテーマにしたテレビドラマが増えているので、それを監修する団体のようなものに個人として入れないかなと考えています。

ずっとふつうの人のようになりたいと思って流行を追いかけてきましたが、消したいと思っていたじぶんの発達障害者としての特性は消すことができませんでした。じぶんの言葉を持てないまま成長してきたという実感があります。じぶんなりの言葉を獲得していくことは必要で、それが難しいから発達障害者は二次障害にかかりやすいですよね。当事者はじぶんで紐解いていく覚悟が必要なのかなと思っています。私がなりたかった「ふつう」も、時代とともにどんどん変わっていく。発達障害当事者が意志表明できるツール、プラットフォーム作りを通して、「ふつう」ってなにかを、さらに掘りさげていきたいと思います。

コメント

マコトA リナさんとはXで知りあったんだよね。もともと交流はなかったんだけど、別件でＤＭ（ダイレクトメッセージ）を交わす機会があり、話を聞いているうちに、ちょうどこの企画にぴったりの人材ではないかと感じた。それで企画の内容について説明して、インタビューに答えてもらったというわけ。直接的に話したのは、これまでのところ、そのインタビューのときだけだよね。

マコトB 南米に移住した祖父母を持つ日系人二世の娘、という境遇。発達障害の問題を抜きにしても、リナさんはかなりの稀なケースだね。ぼくはかつてスペイン語をだいぶ勉強したんだけど、中南米のスペイン語圏には行ったことがないから、ボリビアのあたりには憧れを抱いてるよ。

マコトA 一九九〇年代初頭の東京というのも、いまとなっては情緒を誘う環境ですね。当時のテレビドラマ、とくに男女のデートの際に映される夜景なんかを連想してしまう。

マコトB 早産の子どもだから、発達障害の困りごとが増すということは、きっとあるでしょうね。横道の場合は早生まれ（二月二六日生まれ）ということもあって、幼稚園や学校に入ったあと、よけいにまわりから遅れがちだったのではと思う。

マコトA 病院で出会う本って、環境の特殊さもあって心に残る。横道は手塚治虫のマンガ『ミッドナイト』の最終話をよく覚えてるな。長らく単行本に収録されなかった、いわくつきの内容。掲載誌の『週刊少年チャンピオン』で読んだのさ。主人公の男性タクシードライバーが交通事故で全身にひどいヤケドを負い、絶望的な状況。別作品のキャラのブラック・ジャックが登場して、以前から植物状態だった主人公の恋人の少女に、主人公の脳を移植する。健康な体と健康な脳が合体し、蘇生するという物語。手塚らしい奇想天外かつ超ジェンダー的な物語だった。

マコトA 横道の小学校時代の教科ごとの良し悪しについては本書でもすでに何度か書いてきたよね。リナさんの場合は音楽が得意だったという点だけぼくと対照的で、あとの得意・不得意はよく似ている。

マコトB リナさんがライバル意識を燃やしたという男子生徒は、もしかしたら横道に似ていたのかも。横道も一方では夢見がちでぼんやりした一面があったのに、他方ではやたら活発で、新しいことをとつぜん始めて周囲を巻きこむことがあった。そういうことをやってうまくいくタイプの自閉スペクトラム症者と、うまくはいかない自閉スペクトラム症の差って、きっと些細(ささい)な違いに由来するんだけど、その些細な差が人生にとって大きな意味を持つようになってくるよね。

マコトA 地域の文化的な催しが話題になっていたね。横道も近所の公民館でよく本を借りたり、映画を観たりした。映画でよく覚えているのはソ連だったか東欧だったかのアニメ。なんという作品だったんだろうか。有名どころの『雪の女王』でも『せむしの仔馬』でもない。日本やアメリカとは異なるアニメの質感が不気味で、悪夢を見ているような気分になった。のちに、そういう質感の作品がじぶんの大好物になっていったのだけど。

マコトB 『世界がもし100人の村だったら』は横道も大学生のときに読んで、社会性の足りない若者ながら（あるいは、そうだったからこそ）刺激を受けた。ああいうインパクトのある単純化って、初学者には効果的だと思う。またいつか読みなおしてみようかな。

マコトA リナさんは小学生のときに司書になる夢を抱いたんだね。そのくらいの年頃から学者になりたいと思っていた横道に似てる。横道の場合にはファーブルの『昆虫記』を読んだことが、大きなきっかけだった。ファーブルみたく自由に研究しながら一生を過ごせたら最高だなって思ったんだ。

マコトB 横道もリナさん同様、いじめのターゲットになることが何度もあったけど、ふだんからいつもなにかしら研究していて、その充実感が大きいから、日常のつらい現実を乗りこえられたところがあるんだね。研究をしていると、生きていて楽しいと思えたから。

マコトA リナさんも横道も日本の歴史に興味を抱いたわけだけど、焦点は別のところにあった。ぼくの場合は古代世界から現代に至る悠久(ゆうきゅう)の時の流れ、戦乱の時代の群像劇、ノスタルジーを誘われる昭和レトロな商品などが重要だった。リナさんは、じぶんが平均的な日本人としての過去の知識を親から埋められないことに対する反動として、戦後史に対する興味が湧いた。

マコトB ぼくも一時期、むかしの日本の、現在では不謹慎と見なされてしまうCMをたくさんYouTubeで観たよ。でもリナさんとは違った関心に依拠した行動だったんだろうね。

マコトA 偏食や奇妙に見える癖や音などへの過敏さ、それからどんどんじぶんで行動して親や先生を困らせてしまう子どもという点で、横道もリナさんと同じだった。

発達障害に関する知識が浸透していない時代では、「変わってるね」「独特だね」と「微妙」な言い回し——一応は個性的だとは認められつつも、肯定的にではなく否定的に評価されている——をしょっちゅう与えられていた。

マコトB　横道の場合はじぶんが発達障害だと気づくチャンスは、子ども時代に訪れないままだったけど、当時診断されていたら、やはり「高機能自閉症」か、あるいは「広汎性発達障害」ということになっていたと思うな。前者は知的障害のない自閉スペクトラム症、後者は非定型的な、たとえばＡＤＨＤが併発しているような印象の自閉スペクトラム症に与えられていたかつての診断名だけど、現在では廃止されている。

マコトA　一世代を何年と考えるか、日本ではいろんな考えがあって、一五年ほどの年齢差でようやく一世代ぶん離れていると考える人もいれば、わずか二、三歳差で「世代が違う」と主張する人もいる。かりに一世代一五年と見積もるとしても、とりあえずリナさんと横道は明らかに世代が違っている。横道は氷河期世代、その下にゆとり世代があって、リナさんはこれに属する。

マコトB　そんなリナさんの話を聞いていると、どうしても横道がこの世代に生まれていたら、どんな人生を送っていたんだろうかと空想に誘われて仕方ないね。

マコトA　横道は自助グループなどで若い世代の人々と話していると、早い段階で発達障害の診断を受けて、未成年のうちから合理的配慮を受けたり、発達障害や世の中に対する知識を身につけられたりして、ずいぶんと恵まれているなと思うことが多かった。だけど、今回のリナさんの話を聞いていても、ゆとり世代の若者だって、発達障害児としてけっして楽な人生を歩んできたわけじゃないということが克明に理解できた。発達障害に関する理解が学校の教育現場やクラスメイトたちのあいだで必ずしも受容されているわけではないし、異物と見なした子どもを排除しようとする仕組みはやはりある。発達障害に関する知識が広まったぶんだけ、かえってその言説を利用したいじめも起こりやすくなっているようだと感じた。

マコトB　かつて自閉スペクトラム症を揶揄（やゆ）するために「アスペ」という言葉が生まれたよね。現在の子どもたちは「おまえハッタツか！」というふうな表現でクラスメイトを貶（おとし）めることだってありそうだな、と想像しちゃうね。

マコトA　リナさんが苦しい状況のなかで、読書に救いを見いだせたことには、ぼくまで勇気を与えられる。毎日が苦しいからこそ、かえってじぶんを包んでくれる小説の世界が幻想的なユートピアとして機能したのだと推測される。中学生のときに好みだったとして名前を挙げてくれた作家たちのうちでは、ぼくはなんと言っても森絵都の熱心なファンだった。一時期は日本の作家でいちばん好きだと感じていたくらい。透明感のあるみずみずしい文体が、山間部を流れる澄んだ清流のように美しかった。

マコトB リナさんが語る友人関係での謎めいたこだわりの逸話が、ぼくの心臓をぐらぐら揺さぶるんだ。ぼくは中学二年生のとき、あるクラスメイトの家にぼくからの年賀状が、三が日のあいだ毎日届いたらおもしろいんじゃないかと閃いて、三日間にわたってその友だちの自宅の郵便受けに毎日投函しに行っていた。しかも、そのクラスメイトはぼくの特別な親友というわけではないんだ。あの謎の衝動は、いまから思えば、じつに発達障害的だった。

マコトA リナさんはZARDが好きだったんだね。ZARDの人気が爆発していた頃、ぼくは一〇代だったので、世代的にど真ん中と言えそうだけど、その頃のぼくは同時代の流行歌に冷淡だったので、おおむねスルーしてしまった。だいぶあとになってから、一時期よく聴いたけれども。

マコトB 坂井泉水は歌手としてブレイクする前に、本名の蒲池（かまち）幸子の名義でモデルやレースクイーンとして活躍していて、グラビア写真集を出してるよね。横道は古本マニアなんだけど、その写真集を買うかどうかずっと悩んできたよ。プレミアがついて高価な一冊になっている。奇書マニアとしては入手したいんだけど、写真集の扇情的な内容は、坂井泉水としての彼女のイメージとはギャップがあるために、彼女に対する冒瀆のように感じるところもあって、手を出せないできたんだ。

マコトA 横道が好きな曲はいつも短調か、長調から短調へと転調する曲。じぶんがふだん感じている悲しい気持ちを投影できる曲が好きだったんだね。アニソンや昭和歌謡が好きだったけど、明朗な曲や勇壮な曲などよりも、寂しく悲しい切ない曲が圧倒的に好みだった。クラスメイトとの関係がギクシャクすることは非常に多かったので、いつも音楽を聴くことで、好みの暗い曲たちの冷たい音色に慰められていた。

マコトB いろんな種類の自助グループをやっていて、それぞれのグループで周囲の誰に、いつ、どのようにカミングアウトするかという問題はよく話題になるんだけど、アウティングに関する体験談はいつも胸が痛くなる。リナさん、よく耐えぬいたね。偉かったと思うよ。

マコトA 同じような属性を持った人とドロドロした感情を吐きだしあった時期がぼくに

もある。ぼくの場合は大学に入ってすぐの頃。相手の女性がぼくと同様に自閉スペクトラム症の診断を受けたことをずっとあとの時代に知って、「なんだ、同類だったのか」と腑に落ちた。

マコトB

リナさんにとっては、高校二年のときに受けた日本文学の授業が転機になったとのこと。思いかえせば、ぼくのその頃の生活もその後の布石になるような日々だった。大量のレトロな少女マンガを買って読んで、このジャンルの歴史を頭のなかで整理しながら、エッセイを書いてみたりする。『エヴァンゲリオン』についても考察をめぐらせる。他方で海外文学の名作を学校の図書室で借りて読みすすめていく。

マコトA

少女マンガにしても『エヴァ』にしても海外文学にしても、ぼくをそれだけ惹きつけたのは人の心を学べるツールだったからだよね。そして、なぜ一般的なマンガや日本文学よりも、少女マンガや『エヴァ』、海外文学にのめりこんだかというと、非日常感や非現実感がぼくには心地良かったからだ。発達障害の問題に加えて、カルト宗教の教育によってぼくの心にはトラウマが増え、ぼくは解離を起こすようになっていた。いつも現実を非日常的で非現実的なものと感じるようになっていた。それで、ぼくは日常性や現実性が強すぎるものからは、学びにくくなってしまったんだ。

マコトB　高校時代の最後まで少女マンガと海外文学を読みまくる日々を送って、受験勉強がおろそかになり、大学浪人をすることになった。浪人中は古めかしい少女マンガをさらにディープに追求しつつ、予備校が大阪市立中央図書館の近くにあったのを良いことに、毎日のようにそこに通って、より本格的に海外文学の古典を読みふけった。中学時代から高校時代、浪人時代を通して、教科としては歴史がいちばん好きだったけど――日本史も世界史もどちらも抜群の成績を収めていた――、そうこうするうちにじぶんの歴史好きは物語的なロマンを求めてのものだったんだと自覚するようになって、大学では外国文学の研究をしようと決めた。

マコトA　マンガ研究やアニメ研究を専門にする、という進路がまともな選択肢として視野に入ってくる時代はまだ来ていなかった。ひとつ下の世代に生まれていたら、マンガ研究やアニメ研究が勃興していった時代に直面していただろうから、少女マンガや――少女マンガと同じく熱愛の対象としていった――怪奇マンガ、あるいはオタク向けアニメの研究者をめざしていた可能性も高いと思うんだけどね。

マコトB　そして、そのような自己形成の過程で、もちろん周囲の友人との交流はとても大きかった。ぼくとマンガの話で盛りあがった友人、私的に書いたマンガ論やアニメ論のエッセイをいつも読んでくれていた友人、予備校の近くに大阪市立中央図書館があって、抜群の蔵書数だと教えてくれた友人。

マコトA　でも、海外文学の素晴らしさを共有できる友人はひとりもいなかったね。大学に入ったとき、「西洋文学専攻」のコースだから、そういう話ができる人たちばかりなんだと、どれほど期待しただろうか。でも授業を受けるうちに、そういう学科でもぼくくらい外国文学を読んでいる人はいないということがわかって、落胆してしまった。

マコトB　結局そのような落胆を埋めてくれたのは、学部時代は大学の教員たち、大学院時代は教員たちと院生仲間だった。そんなだから、就職後も外国文学を若者に教えるという授業は苦労の連続だったよ。教え子たちは、外国文学を大量に読む学科に属していながら、なぜか外国文学になかなか興味を持ってくれないわけだから（笑）。われながらニッチな分野を選んだものだと不思議な感じがする。

マコトA　『アルジャーノンに花束を』について、リナさんが感じた思いは、横道のものと酷似している。プロの文学研究者は、あの作品を「お涙頂戴もの」としてバカにすることが多いんだけど、「天才かバカか紙一重」と言われることが多い人生を送ってきたぼくには、非常に心に迫る作品だった。いまでも読むと泣いてしまう。

マコトB 大学時代と大学院時代、横道はじぶんの選んだゼミなどでナンバーワンの有望株と見なされる機会が多かったけど、「作品の解釈」というものには早くから興味を失ってしまった。ほかの文学研究者から怒りを買うかもしれないけれど、「いい歳をしたおとなが、本質的には読書感想文なのに、それを気取った体裁に仕立てることで誤魔化した、というような学術論文を書いて、なんの意味があるんだろう?」と思っていた。だから、ぼくの文学研究は伝統的な「作品内在解釈」とはかなり違っていて、歴史学、社会学、民俗学、宗教学、言語学などが混入したようなスタイルを取っている。そういう実験精神でもって、新しい文学研究を作りたかった。

マコトA 大学時代って、多くの人にとって、人生でもっとも快適だった時期、として思いかえされるはず。発達障害者にとってもそういう事例が多いと思う。周囲の人々が精神的に成熟して、恋人ができたり、お金を稼げるようになったりすることで、精神的に安定して、仲間外れやいじめが発生しにくい状況が生まれる。

マコトB　ぼくもあの四年間が結局は人生でいちばん幸せな時間だったな、とせつない気分になるよ。

マコトB　リナさんも横道と同じく、マンガから人間について学んだんだよね。若い頃のぼくは大量のマンガを読んで、それらに描かれた世界を理想のように考えて、「どのようにすれば、ふつうの人に擬態できるか」を探求した。でもお手本がフィクションだから、じぶんの行動もマンガっぽくなってしまう。いわゆる「オタク」がアニメふうの言動を模倣してしまうのは、彼らの自閉スペクトラム症的特性に関係があるんじゃないかな、と思ってるよ。

マコトA　リナさんは、テレビドラマもだいぶ観てきたとのこと。ぼくが夢中で観たテレビドラマは、数えられる程度しかない。「勇者ヨシヒコ」シリーズと、『アオイホノオ』と、『逃げるは恥だが役に立つ』に関しては、DVD－BOXを買うくらいにハマった。前者ふたつは福田雄一監督の作品。昭和的な古いノリの笑い（を平成的にちょっと洗練させたもの）が好みだった。そういう作品につらい日常を慰めてもらっていた。『逃げ恥』は、ヒロイン（新垣結衣）の相手役（星野源）が自閉スペクトラム症っぽいキャラで、感情移入しやすかった。

マコトB　リナさんはせっかく正社員として入った職場を一ヶ月でやめてしまったんだね。

現代の若い日本人にはよくある現象といえば、それで話は終わりになってしまうけど、自閉スペクトラム症の当事者だと、そういう失敗の確率はグッとあがってしまう。

マコトA 加えて、子どもの頃に憧れた司書として働くことができたのに、イメージとはギャップがあって、向いていないことがわかったという話だった。

マコトB 横道が選んだ研究職にもがっかり要素はあった。大学の先生になりたかったのは、それが研究職だからなんだけれども、大学の先生になると、漏れなく教育の義務がついてくるという仕組みなんだよ。初めの頃は何度も挫けそうになった。いまでは教えるのも好きになってるけどね。

マコトA リナさんが働きつづけることができているのは、じつに立派だと思う。宗教法人に勤めたことだって、将来どこかの時点で、やはり価値あることだったと再認識されるようになるかもしれないよね。それでいまは、発達障害者の支援に思いが向いていると。気持ちは大いにわかる。横道も本業はドイツ文学者だけど、余暇には自助グループ活動で発達障害者を含むメンタルヘルスで苦しむ人の支援に乗りだしているし、著作活動でもそういう問題に関する内容の本を中心に出している。

マコトB　リナさんが話していたような有用なアイテムの開発に関する仕事は、やりがいに満ちていそうだ。スマートフォンのアプリなどだと、普及する可能性が高そう。

マコトA　「ずっとふつうの人のようになりたいと思って」いたという発言から、自閉スペクトラム症の女性の当事者グニラ・ガーランドが書いた『ずっと「普通」になりたかった。』（ニキ・リンコ訳、花風社、二〇〇〇年）を思いだしたよ。ぼくたち自閉スペクトラム症の当事者が抱く心からの願い。

マコトB　リナさんが言うように、「ふつう」というのが曖昧模糊として変転を続けるものだからこそ、なおさらそれと向きあう必要があるんだよね。ぼくなりのこの問題に対する回答は、『海球小説』というべつの著作に示したつもりだよ。

終章

マコトA　一連のインタビューをつうじて、ぼくたちはそれぞれのインタビュイーの生育歴に織りまぜる仕方で、彼らによる創作物の受容に関する事例も多く示せたはずだ。

マコトB　改めて言うまでもないけど、定型発達者だって創作物から多くを学んでいると思う。創作物に描かれた人間関係や心理描写から、人の心を学んでいくことは大いにあるはずなんだ。でも定型発達者と比較して、認知のあり方に差異があり、他者の心がわからないと感じることが多い自閉スペクトラム症者は、なおさら創作物を参考にしていることが多いのではないかって、ぼくたちは予測した。

マコトA　自閉スペクトラム症が非言語的あるいは暗示的なメッセージに弱く、言語的に明瞭な表現を好むことはよく知られているからね。

マコトB　問題を複雑にしているのは、創作物というものは多くの場合、フィクションだということ。それらは文字どおり作り話なわけだから、創作物は受容者に混乱を与えるものにもなりえるんだ。受容者の現実感覚を壊乱する危険性をともなうものになる。

マコトA　だから、創作物をたくさん受容することによって、世の中のことがかえって理解しづらくなる、ということもあるんじゃないだろうか。よく言われる表現で言えば、「現実と虚構の区別がついてない人」になってしまう可能性が高いんじゃないだろうか。

マコトB そう考えるなら、創作物はぼくたちの理解力を向上させもするし、混乱させもする、と言えるだろう。そのような両義的なものから、ある種の自閉スペクトラム症者たちは、人の心について必死に学んでいることになる。

マコトA ここから先では、それぞれのインタビューと創作物の関わりを改めて整理しつつ、それぞれのインタビューが世の中に求めることとして発言した内容を紹介していくことにしたい。

完全なダイバーシティを

マコトB HOTASさんは、大河ドラマ『山河燃ゆ』や『機動戦士ガンダム』から歴史の無常感を学んだと考えていて、その関心の延長線上に、大学時代、日本近代史を専攻したという人だった。「ガンダム」シリーズから学んだ軍隊的規範は高校時代の応援団での活動などで役立ったものの、それが社会人の生活では通用しないことに苦しむ場面も経験した。そんなHOTASさんに世の中に望むことを尋ねると、つぎのように答えてくれた。
『それは完全なダイバーシティの実現です。「できる」を認め、「できない」も認める。それが当たり前になってほしい。できないことがあると、できることまで「大丈夫?」と思われてしまうのが、現在の障害者を取りまく状況でしょう。「この障害がある人はこんな人」というステレオタイプがあるからです。でも、実際に障害を持つ人のリアルはそうではない。ひとりひとり、できること、できないことは違っている。それは障害があってもなくても同じです。障害名が付くことで十把一絡げに扱ってほしくない。人権の問題、というと大袈裟に響くかもしれませんが』

マコトA　「完全なダイバーシティの実現」。徹底性を求めるところは、さすがに自閉スペクトラム症者だなと感じます。

マコトB　あるいはそれは「ニュータイプ」という新人類を求める「ガンダム」シリーズ的な理想主義とひそかに響きあっているのかもしれないね。自閉スペクトラム症者は極端だと言われがちだけど、それは長所にもなりえるはず。

マコトA　それぞれの人には、その人なりの固有の悩みごとや困りごとがあって、なかなか他者の苦労に想像力が向きにくい心境のときもあるはずだけれども、世の中には多様な人がいるんだということを事実として受けとめて、それを肯定的なこととして捉え、多様な人がそれぞれに生きやすい世界を作りだしていければ、すばらしいことだと思う。

「べき」から自由になる

マコトB　まるむしさんは、大学時代に理想に燃えて沖縄の状況を憂え、社会運動に挫折したあとは、村上春樹の作品世界に慰められたという人だった。

マコトA　まるむしさんがアメリカで何年か暮らしたことは、のちに「ガンダム」シリーズにのめりこんだ時期の伏線になっているような気もする。このシリーズで描かれる「宇宙世紀」って、国際的な多民族社会だから。

マコトB　そんなわけで、まるむしさんの理想はＨＯＴＡＳさんのものによく似てるんだよね。まるむしさんはこう言います。

『私が世の中、特に日本社会に望むこと。「こうあるべき」の重圧がなくなってほしい。倫理、社会規範、すべて苦しい。そういうものにそぐわない人なので、はみでてしまい、人でなしのように扱われてしまう。それに困ってます。押しつけないでほしいと思います。人生の半分くらいは、わからないことばかりでした。若い頃はインターネットもなかったし、発達障害だって気づいたのも四〇代。混乱の多い人生。でもアメリカに行って楽だなって思ったのは、やっぱり「個」に対する考え方が強いことですね。日本だとわがままになってしまうことが許されますから』

マコトA 固定観念に依拠した規範の刷りこみからできるだけ自由になりたいと語るまるむしさん。アメリカ在住経験に裏打ちされた理想主義がよく伝わってくるね。

マコトB ぼく自身も、日本がもっとアメリカっぽい国になると良いなと思っているよ。もちろんアメリカには犯罪率の高さなど、日本とは異なる問題も多いわけだけど、ぼくは外国文学の専門家として、海外に行くたびに、日本の息苦しさに気づかされざるを得ない。

マコトA 日本には村上春樹を愛読する人がたくさんいるけど、それはまるむしさんやぼくのように息苦しさを感じる人の多さを示しているのではないだろうか。一方で村上春樹を異様に敵視する日本人が多いことは、社会を開放的にしようとすることに対する反発の根強さを意味しているのではないかな、と思う。

こっちが常識だって決めつけないでほしい

マコトB　マンガを愛好していたけど、内容をよく理解できるようになったのはおとなになってからだったというナナトさんの話を振りかえろう。おとなになって、特別な関係のパートナーができて、発達障害に関する知識が深まっていって、人間に対する理解が開かれた。横道やほかのインタビューイーとの大きな違いは、読字障害の有無だろう。ナナトさんは小説などから人間心理を学ぶ機会を得られなかった。さらに日常的な友人関係も築けずに、余計に人間理解から疎外されていた。

マコトA　発達障害者には、読字障害と解離によって人間理解が疎外されるという事例がある、という貴重な報告になったね。

マコトB　ナナトさんはこう言うんだ。

『「こういうふうに対応してくれたら、ありがたい!」ということですか。編集者の皆さんには、ざわざわしたカフェでの打ちあわせは、なるべく避けていただけると幸いです。聴覚情報処理障害があって、眼の前の人の発話とまわりの人の発話が同時におこなわれると、わからなくなってしまいます』

マコトA　聴覚情報処理障害は、発達障害者にいつも付きまとってくる問題だね。自閉スペクトラム症者の場合、注意の対象が固着しがちだから、それ以外への注意がガラ空きになる。それで音も耳に入ってこなくなる。ＡＤＨＤ者の場合は、注意の対象がくるくる転動してしまうから、やはり音が耳に入ってきづらくなる。横道自身にもはっきりと聴覚情報処理障害があるよ。

マコトB　ナナトさんは合理的配慮についても語ってくれたから、紹介しておこう。

『私は合理的配慮を人にお願いしないタイプなんですけど、でも同じものを見ても、違う感覚で捉えている人がいるということは、もっと広く知られてほしいですね。夫とケンカして私が「もう無理！」って思うと、夫の姿を見たくなくて飛びだしてしまうんです。自閉スペクトラム症があると、「見えなかったら、ないのと同じ」と感じるからですね。でも夫は「追いかけて欲しくて当てつけている」と誤解して、追いかけてくるので怖かったです。そのあと六時間の話しあいになりました。「こっちが常識だって決めつけないでほしい」という話を、『僕妻』でずっと描いてきたつもりです』

マコトA　なるほどね。自閉スペクトラム症者にとって自然な行動が、定型発達者にとっての自然な行動と異なるために、理解されなくなってしまうということだね。

ナナトさんのこのエピソードからだけでも、自閉スペクトラム症者は人の気持ちがわからないという従来の言説の胡散くささがわかるというものだなあ。定型発達者も自閉スペクトラム症者の気持ちをなかなか理解できない。自閉スペクトラム症と定型発達の質的差異のために、相互にわかりづらいということなんだ。そして、そこには優劣の差はない。

マコトB　もっと無難な話をするとしても、自閉スペクトラム症って、「スペクトラム」状で多様なのだから、その人の「コミュ障」のあり方も多彩をきわめている。そのことについて、もっと多くの人が真剣に考えてくれて、「異文化交流」の魅力について理解を深めてくれると良いなって思う。

発達障害のことをもっと知ってほしい

マコトA　ヨシさんは親子関係に深刻な葛藤を抱えていて、マニアックなサブカル趣味に耽溺することによって心の慰めを得てきた人だった。

マコトB　そうして多くの創作物を摂取してきたのに、得た知識を現実の人間関係には活かせなかったとも語っていた。

マコトA　そんなヨシさんが世の中に求めることはシンプルだ。

『定型発達者がしてくれたらありがたいことというと、まず発達障害について少しでも良いので知ってほしいという願いがあります。ゆっくりとでも、発達障害が社会に認知されつつあるのを感じますが、自閉スペクトラム症とADHDを区別できない人もいれば、発達障害に対して大きな誤解や偏見を持つ人もまだまだ多いような気がします。根底には精神疾患への無関心や、障害について知ること、障害者に接することへの忌避感があるんじゃないかと思ってます。僕も数年前まではそちら側の人間だったのですが』

マコトB　発達障害は、二〇一〇年代のうちに日本で急速に認知されるようになったけど、理解の足りない人はまだいくらでもいるんだよ。

マコトA　「じぶんには無関係な問題」「じぶんは完全にふつうの人」「家族や身近な人におかしな人はいない」と素朴に信じている人は、ほんとうに多いよね。

マコトB　でも、そんな人たちのなかにも、発達障害の特性が強い人はたくさんいるはず。自閉スペクトラム症があると、人並み以上に頑固な傾向がある。だから、「じぶんは絶対に発達障害なんかじゃない」と思っている人は、むしろそう思っていない人よりも発達障害者だという可能性が高いくらいだ。

マコトA それでも、そういう頑固な人が、発達障害に関する言説に素直に耳を傾けるのは、難しいだろうとは思っちゃうね。そういう疑問に対して、ヨシさんはこう話してくれたよ。
『発達障害者は日本人口の一割以上とも言われていて、じつは意外に身近な存在です。発達障害者に接するのを避けず、もっと多くの人に発達障害について知ってもらえれば、苦しんでいる発達障害者に対する一助になると思います』

マコトB ヨシさんが言うように、発達障害というのは案外と身近なものだ。実際、横道の本を読んでくれた人が、「じぶんにも発達障害の特性があるとわかった」という感想を寄せてくれることは頻繁にある。そんなとき、横道はその人の人生に貢献できて良かったと感じるんだって。

マコトA ヨシさんは自助グループの世界を知って、驚嘆と感動を覚えたという。自助グループのミーティング空間は、ヨシさんが夢中になってきたサブカルチャーの領域に似ているものだった。じぶん自身が発達障害の当事者だとしても、そのような観点から発達障害を楽しむことができる。

マコトB だから、発達障害はけっして陰惨で残酷なものとばかりは言えないよね。当事者たちは自助グループで、しょっちゅう奇跡のような見事な発言をしているんだよ。

じぶんと違う人への想像力

マコトA ぽん子さんは、中学時代にオタク趣味へと開眼し、その趣味性によって美術の素養をはぐくんだ人。そしてはぐくんだ美術の能力を仕事にも生かしている人だった。

マコトB ユートピア願望が強く、現にいまここにある場所ではないどこかをめざしつづける人生だったね。

マコトA そんなぽん子さんが世の中に期待することはなんだろうか。ぽん子さんはこう話してくれたよ。

『それは悩んでしまう質問ですね。正直に言うと、そもそも期待してないかもしれないですね。私たちのことを理解してくださいって訴えても、難しいと思う。当事者側ができないことを理解して、伝えるしかないかなって思いますけど。でも強いて言うなら、一〇〇パーセント理解して受けいれてくれるとは思わないんですけど、じぶんとはぜんぜん違う人もいるのかもなっていう想像力は持ったほうがいいんだろうなって思います。私もそうだし、それぞれの人がそう思っていたら、世界は良くなると思います』

マコトB　定型発達者が発達障害者を理解してくれることに期待しない、というのは、ユートピアもの／ディストピアものにたくさん親しんだからこその現実感覚かもしれない。

マコトA　あるいはアニメ的な価値観に影響を受けているから、思いきりが良いということもあるかもしれない。

マコトB　もしかすると、ぽん子さんの個人的な境遇も関係しているのかも。横道はぽん子さんのパートナーとも交流を持っているけど、その人はいろんなことに理解の深い人なんだ。それでおそらくぽん子さんも安定した状況を得ることができて、世の中に求めることが相対的に小さくなっているかもしれないな、とは感じる。

マコトA　だけど、それはけっして悪いことではないはず。それにぽん子さんは、やはり「世界が良くなる」ようにと願っている。じぶんとは異質な人がいることを、人々が理解することによって、ぼくたちの世界はもっと良い方向に向かうことができると思うよ。

受け入れて、自由にさせてほしい

マコトB　八坂さんは小さい頃から女の子向けの番組や作品を好み、歴史上の人物でも支援者タイプと言えそうな偉人に親近感を抱いた人だった。高校時代には渡航のライトノベルから他者が「NPC」でないことを学んだということだったね。これはかなり大きな体験だったのではないかな。ぼく自身もそうだったし、「発達仲間」からもよく耳にすることだけど、自閉スペクトラム症児は他者をNPCのようなイメージで把握していることが多いからさ。

マコトA　そんな状況を克服した八坂さんが世の中に求めることとは、なんなのか、聞いてみよう。

『定型発達の人にどう接してほしいかといえば、自由にさせてほしいということですね。「そういうものか」と受けいれて、放置してほしいというところでしょうか。支援は必要ですが、こちらの要求した以上でも以下でもない仕方でお願いしたいんです。へんに気を遣ったり、へんに曲解しないでほしいと思っています』

マコトB　八坂さんは、東野圭吾原作の映画によって犯罪に付随するある種の心情的論理に気づかされ、それが現在の支援のあり方へのヒントにもなったと語ってたね。それは結局、それぞれの人にはそれぞれの人なりの合理性があって、その合理性に依拠してそれぞれの人の言動が紡ぎだされているのだ、という真実を学んだことを意味するんだと思う。

マコトA　だからこそ保証されるべきは、その合理性を容認するための「自由」なんだと思うな。

思いの言語化を手伝ってほしい

マコトB　リナさんは、小説であれ、マンガであれ、テレビドラマであれ、あるいはポップ音楽であれ、周囲にいる人々の気持ちを理解するための参考になるものとして受けとめ、また人間関係の理想のかたちをそれらに発見して、憧れを強めたという人だった。

マコトA　そんなリナさんが世の中に求めることとはなんだろうか。聞いてみよう。

『私が世の中に求めたいのは、じぶんの思っていることを紐解いてもらえるとありがたいということです。じぶんの思っていることがうまくわからない。困っていることに対しての言語化の手伝いをしてくれたら、うれしいです。それがなく、問題行動ばっかりが狙い撃ちされる。モグラ叩きじゃないんだからと思ってしまいます。たとえば、癇癪を起こしている場合は、その人が落ち着く環境へ連れていく、その人が安心するルーティンを与える、その人がひとりでありのままでいられる環境を整えるなどの方法があると思っています』

ちょうどリナさんがフィクションを手がかりとして、他者の言動の謎を紐解いたように、じぶんの言動も他者によって紐解かれたいというわけだ。それをちゃんとしてもらえるならば、自閉スペクトラム症者は「モグラ叩き」のようにして叩かれて、潰されて消えなくて済むようになると。さらにリナさんは語ってくれた。

『それから障害の軽重にかかわらず、定型発達者が乗りこえることに時間のかかる出来事や苦労を私たちに会話の端々で押しつけないでほしいと思います。私たちにはなおさら大きな苦労になることが多く、当事者によっては死を選びかねません。人生で起こりえるさまざまなライフイベントの乗りこえ方に関して、定型発達者のあいだには暗黙知や常識という形でロードマップが作られていますが、その暗黙知や常識が通用しない発達障害者、理解することが難しかったり理解することに時間を要する発達障害者には、まだそのロードマップが欠けているという現状があります。発達障害の特性といっても軽度から重度まで幅広いですが、それぞれの人にふさわしいライフプランを当事者が立てられるように状況が整備されてほしいと思います。できることなら、国を挙げて手帳取得・未取得・グレーゾーンを問わず発達障害の傾向がある、障害特性を持っている人たち全世代に向けた全体調査のような形の企画立案、調査実施を切に希望しています』

マコトA　ぼくは、リナさんが『アルジャーノンに花束を』について授業で発表するために、泣きじゃくりながら準備をし、嗚咽(おえつ)を止められないまま壇上に立ったと語ったことを思いだしてしまうな。この作品の主人公チャーリイは、知的障害者として世間とじぶんとの断絶を絶望的に感じ、知能が劇的に向上したあとでも、その苦悩を忘れられないという様子が描かれる。

マコトB　リナさんは多くの苦難を乗りこえてきたものの、やはり登ってきた険しい道のことがトラウマのようになっていて、容易に忘れられないでいるんじゃないかな。さらにリナさんの発言に耳を傾けておこう。

『私たちは、障害特性が災いして、言動が想定外の結果を生んでしまうことが大いにあります。定型発達者から、「ふつうはそうしないだろう」「ちゃんと考えていないせいだ」「ふつうはそう考えない」という疑問の声が寄せられますが、そうやって発達障害者と定型発達者の溝が深まってしまいます。ですから「ふつうは」という意識こそが、溝を深める原因になっていると思います』

マコトA　「ふつう」を解体すること。それはＨＯＴＡＳさんやまるむしさんも語っていた完全なダイバーシティの実現、あるいは「べき思考」の廃絶と、おおむね同じものと言っても良いだろうね。大きな夢だということは、確かだ。でも生涯をかけて探究する価値のある夢でもある。

マコトB　ぼくたちもまた、この夢を共有しつつ、本書を世に送りたく思う。

おわりに

それは、いつ生まれたのか誰も知らない。暗い音のない世界で、ひとつの細胞が分かれて増えていき、三つの生き物が生まれた。彼らはもちろん人間ではない。また動物でもない。だが、その醜い身体の中には正義の血が隠されているのだ。その生き物――それは、人間になれなかった「妖怪人間」である！

一九八〇年代、小学生だった私は、妖怪たちがうごめきながら、怪奇な香りをムンムン漂わせている不気味な画面を眺めながら、このナレーションにいつも真剣に耳を傾けていました。もともとは一九六八年から翌六九年にかけて放映されていた『妖怪人間ベム』の再放送です。当時から二〇年ほど遡った時代のアニメは、その古めかしい雰囲気ゆえに、ますます戦慄するような印象を放ち、私は怯えました。右に掲げたナレーションのあとに男性コーラスによる主題歌が流れ、途中で「早く人間になりたい！」という悲痛な叫びが飛びだしてきます。私はこの番組を娯楽として、純粋に消費することができませんでした。私の脳の深い位置に楔（くさび）のようにして「早く人間になりたい！」という嘆き声が打ちこまれました。

なぜだか、おわかりでしょうか。少年時代の私は、じぶんをまさに非人間的な存在、人間ではない何かとして感じざるを得ない機会を非常に多く持ったからです。友だちと遊んでいても、親や教師と接していても、なんだかじぶんだけずれた時空に放りだされた感じがしていました。毎日日常を生きていながら、ひとりぼっちでどこでもない非在の時空に置きざりにされたかのような感覚。それが子どもの頃の私にとって人生のリアルな感覚だったのです。本書の序章で、自閉スペクトラム症者が研究史上、「非人間化」、「擬物化」、「スティグマ化」を施されてきたという批判的意見を紹介しましたが、私たちはそれらをもちろん、研究者からのみならず、自閉スペクトラム症者の周囲に広がる定型発達者中心の社会からもこうむっているのです。

本書の目的は自閉スペクトラム症者がどうやって人の心を学んでいるかについて考察し、創作物の果たす役割について考えてみることでした。結果的には、自閉スペクトラム症と創作物の向きあい方は多様だということ、創作物によって人の心を学んだと考える人もいれば、そのような見解に疑いを持っている人もいることが示されたと思います。自閉スペクトラム症と創作物の関係が総体として解明されたわけではありませんが、自閉スペクトラム症者の多様さとそれぞれの当事者の苦労に満ちた人生と人間的な魅力を開陳できたのではないかと思います。

本書では、多くの部分で「マコトA」と「マコトB」が「横道」に言及しながら対話を進めていく、という構成を選びました。「マコトA」も「マコトB」も「横道」も筆者・横道誠の分身で、とくに質的な差異などは考えていません。ひとつのテーマをめぐって、三種類の横道誠が一冊の本を引っぱっていく。まことに自閉スペクトラム症的な仕掛けと言うことができるでしょうし、筆者としてはこのやり方を気に入っています。しかし、読者がどう思うかは、読者それぞれの判断に委ねるしかありません。

インタビューを受けてくださった七人のインタビュイーに心から感謝します。私は本書に登場したひとりひとりにオンライン会議アプリをつうじてインタビューし、それをひとり語りの形に成型し、本人の確認を経てから本書に掲載しました。本書を読んでくれる読者のみなさんにも、あらかじめ感謝を述べておきます。編集担当者として支えてくれた内藤寛さん、校正を担当してくれた牟田都子さん、装画を寄せてくれたひうち棚さん、装丁を手がけてくれた矢萩多聞さん、ほかたくさんの人たちのおかげで本書は完成しました。

横道　誠

二〇二四年一〇月

横道誠　よこみち・まこと　京都府立大学文学部准教授。文学博士。専門は文学・当事者研究。一九七九年、大阪府生まれ。四〇歳で自閉スペクトラム症、ＡＤＨＤと診断され、発達障害者などのための自助グループ活動を精力的におこなうようになり、その経験をもとに多数の著作を発表している。単著に『みんな水の中』（医学書院）、『イスタンブールで青に溺れる』（文藝春秋）、『創作者の体感世界』（光文社新書）など、共著に『当事者対決！心と体でケンカする』（世界思想社）など、共編著に『ニューロマイノリティ』（北大路書房）などがある。

「心のない人」は、どうやって人の心を理解しているか

——自閉スペクトラム症者の生活史

2024年12月7日　初版第1刷発行
2025年2月14日　第3刷発行

著者　横道誠
発行者　株式会社亜紀書房
〒101-0051
東京都千代田区神田神保町1-32
電話(03)5280-0261
https://www.akishobo.com

装丁・レイアウト　矢萩多聞
装画　ひうち棚
DTP　コトモモ社
印刷・製本　株式会社トライ
https://www.try-sky.com

Printed in Japan
ISBN978-4-7505-1853-4